A oût 1887: les arêtes s'élancent vers le ciel.

D es sabots en acier assurent la liaison entre les arêtes et les massifs de fondation.

es échafaudages en bois soutiennent les piles à mesure qu'elles s'élèvent.

Décembre 1887 : le premier étage est bientôt atteint. De nouveaux échafaudages sont nécessaires.

L a jonction des
quatre arêtes et du
premier étage est
réalisée le 7 décembre
1887. La construction
continue au-delà sans
échafaudages.

J uillet 1888 : le
deuxième étage est
atteint, à 115 mètres
au-dessus du sol.

L a Tour reçoit son
décor : grandes
arches suspendues
entre les piliers et
arcatures au premier
étage.

D écembre 1888 :
le sommet n'est
plus très loin.

L a Tour est
achevée à temps
pour l'Exposition
universelle de 1889
dont elle est la vedette.

Un million neuf
cent mille
visiteurs en feront
l'ascension en 1889.

I ngénieur et architecte, Bertrand Lemoine est directeur de recherche au CNRS. Il est l'auteur de plusieurs dizaines d'articles et d'une douzaine d'ouvrages sur l'histoire de l'architecture aux XIXe et XXe siècles, tels que *l'Architecture et les Ingénieurs, les Halles de Paris, Gustave Eiffel, la Statue de la Liberté, l'Architecture du fer, les Passages couverts, l'Architecture des années trente.* Il a été responsable de différentes expositions, en particulier sur «Gustave Eiffel constructeur» et sur «Paris 1937», consacrée au cinquantenaire de l'Exposition internationale de 1937. Il est également chargé de mission à l'Institut Français d'Architecture.

1er dépôt légal : juin 1989
Dépôt légal : décembre 1990
Numéro d'édition : 47963
ISBN : 2-07-053083-3
Imprimerie Kapp-Lahure-Jombart à Evreux

LA TOUR DE
MONSIEUR EIFFEL

Bertrand Lemoine

DÉCOUVERTES GALLIMARD
ARCHITECTURE

Chef-d'œuvre de l'art des ingénieurs du XIXe siècle, la tour Eiffel incarne le triomphe du calcul et l'irruption dans le paysage architectural moderne de cette transparence presque dématérialisée que permet le métal. C'est aussi un symbole de la foi dans le progrès scientifique et technique, dont les expositions universelles sont les grandes célébrations.

CHAPITRE PREMIER

L'INVENTION DE LA TOUR DE TROIS CENTS MÈTRES

❝ Pour célébrer le Centenaire de 1789, il fallait oser dresser un monument incomparable, digne du génie industriel de la France. ❞

E. Monod,
L'Exposition universelle de 1889,
1890

Gustave Eiffel représente à merveille l'ingénieur du XIXᵉ siècle, inventif et audacieux, qui cherche sans cesse à repousser les limites de la technique. Mais il est aussi et surtout un entrepreneur, qui sait transformer les conceptions les plus ambitieuses en réalité bâtie, en prenant des risques calculés dans un environnement particulièrement favorable.

La première moitié du XIXᵉ siècle est marquée en Europe par la révolution industrielle, dans laquelle l'essor de la métallurgie a joué un rôle essentiel

Les Anglais construisent le premier pont en fonte en 1779, à Coalbrookdale dans le Shropshire. Ces types de pont se multiplient alors en Angleterre et, plus timidement, en France où le pont des Arts fait en 1803 figure de précurseur. Le fer laminé s'impose vers 1845 comme un matériau plus efficace et plus économique que la fonte, ouvrant la voie à un spectaculaire renouvellement des formes construites. On reconnaît progressivement ses atouts – résistance, incombustibilité, plasticité – qui en font plus qu'un substitut aux matériaux existants. Les ponts bénéficient d'abord de ce progrès, grâce en particulier à l'extension rapide du réseau ferré.

Dans le domaine de l'architecture, la bibliothèque Sainte-Geneviève, construite en 1848 par Henri Labrouste, et surtout les Halles de Paris, édifiées cinq ans plus tard par Victor Baltard et Felix Callet, sont les premiers édifices importants – à l'exception des serres – où le métal est ouvertement montré. Ils donnent naissance à de nouvelles typologies de bâtiments exigés par la société industrielle, tels que gares, marchés, usines, grands magasins, verrières, kiosques, pavillons d'exposition.

L'architecture du fer s'épanouit, pour constituer l'une des créations les plus originales du XIXe siècle, grâce à ses qualités d'élégance aérienne, de légèreté, de transparence, mêlées de force brute, de puissance contenue, de tension extrême.

A partir des années 1870, à mesure que progressent les expériences sur son comportement, le fer devient d'usage courant. Symbole exemplaire des nouveaux produits de l'industrie, le fer est un révélateur et un enjeu dans les débats architecturaux. Les ingénieurs affirmant leurs compétences dans la maîtrise du matériau, beaucoup d'architectes les voient d'un mauvais œil jouer un rôle croissant dans la conception des édifices.

L e pont des Arts (en haut, à gauche) inaugure en 1803 à Paris les noces de la construction et de l'industrie. Un demi-siècle plus tard, les Halles de Baltard démontrent d'éclatante façon les vertus architecturales du métal, et de son heureuse alliance avec le verre et la brique. Elles marquent la naissance d'une nouvelle architecture.

G. EIFFEL & Cie

CONSTRUCTEURS

ATELIERS DE CONSTRUCTIONS
MÉTALLIQUES

Rue Fouquet, N° 52
et Rue Fazillau, N° 29

à LEVALLOIS-PERRET

par la Porte de Courcelles

près PARIS

PONTS ET VIADUCS MÉTALLIQUES
PILES EN FER
FONDATIONS PNEUMATIQUES

HALLES.-MARCHÉS
CHARPENTES EN FER

PHARES
ET TOURELLES DE FEUX DE PORT

MATÉRIEL FIXE DE CHEMIN DE FER

GRUES ET APPAREILS DE LEVAGE

PARIS, 1867 — Médaille d'Or
LYON, 1872 — Médaille d'Argent

Gustave Eiffel fait ses premières armes de constructeur sur le pont de chemin de fer de Bordeaux (ci-dessus).

Né en 1832 à Dijon, Eiffel entre à l'Ecole centrale des arts et manufactures en 1852 et commence sa carrière en 1855

Après quelques années passées dans le sud-ouest de la France, où il révèle précocement ses talents d'organisateur en surveillant notamment les travaux de l'important pont de chemin de fer de Bordeaux, il s'installe à son compte à l'âge de trente-deux ans comme «constructeur», c'est-à-dire comme entrepreneur spécialisé dans les charpentes métalliques.

Il s'établit à son compte en 1864. La gare de Pest est l'une de ses réalisations marquantes des années 1870. Le viaduc de Garabit, achevé en 1884, consacre sa réputation internationale.

C'est le point de départ d'une exceptionnelle carrière. Développant rapidement son entreprise, installée à Levallois-Perret, il réalise de par le monde des centaines d'ouvrages métalliques en tout genre. Si les ponts – et principalement les ponts de chemin de fer – sont pour lui un domaine de prédilection, il s'illustre aussi dans le domaine des charpentes et des installations industrielles. De sa carrière se détachent les deux grands viaducs quasi jumeaux de Porto et de Garabit, ainsi que la gare de Pest en Hongrie, la coupole de l'observatoire de Nice, l'astucieuse structure de la statue de la Liberté et, bien sûr, la Tour de trois cents mètres.

Au début des années 1880, Eiffel a réussi à se placer au cinquième ou sixième rang des constructeurs français, grâce à la précision «mathématique» de son entreprise dans la fabrication et l'assemblage des pièces, à sa capacité d'invention dans les procédés de montage et à l'organisation rigoureuse dont elle fait preuve.

La structure de la statue de la Liberté n'est pas une des œuvres les plus connues d'Eiffel, mais certainement l'une des plus ingénieuses. «Une construction en fer bien combinée, formant un tout unique et homogène, peut être soumise aux déterminations du calcul dans un cas quelconque, en sorte qu'il ne reste aucun imprévu sur les effets que pourra produire sur elle l'ouragan le plus violent», écrit Charles Talansier, à propos de la statue de la Liberté, dans *Le Génie civil* du 1er août 1883.

Eiffel se doit de prendre une large part à l'Exposition qui va célébrer le centenaire de la Révolution française

Les expositions universelles sont conçues à l'époque comme des présentations spectaculaires des productions industrielles et artistiques de chaque pays, une vitrine pour le grand public, où la surenchère dans la démesure accompagne l'exaltation des vertus nationales. Ainsi l'Exposition de Londres en 1851 marque-t-elle la suprématie incontestable de la Grande-Bretagne dans l'économie mondiale du milieu du siècle. Le Crystal Palace, qui abrite l'exposition, montre par ses proportions et par sa rapidité de montage, comme par son architecture, le triomphe des méthodes modernes d'industrialisation et de préfabrication des éléments. Les grandes halles métalliques, et tout particulièrement les galeries où sont exposées les machines, constituent dès lors le paradigme architectural de ces manifestations.

L e Crystal Palace est en 1851 l'écrin de la première Exposition universelle.

La Grande-Bretagne y démontre les capacités de son industrie.

L'Exposition universelle de 1855 à Paris est la réponse française au défi britannique : son palais de l'Industrie, conçu par l'ingénieur Alexis Barrault, est doté d'une structure en fonte et d'une couverture vitrée de vastes dimensions. L'Exposition de 1867,

qui se tient pour la première fois au Champ-de-Mars, célèbre l'apogée du second Empire. Quant à l'Exposition de 1878, elle marque le relèvement de la France après la défaite de 1870. La grande nef de la galerie des Machines est soutenue par une remarquable charpente métallique.

Le vote de l'amendement Wallon en 1875 a définitivement instauré un régime démocratique parlementaire. Mais le climat est à la crise économique et à l'instabilité politique. Les ministères opportunistes se succèdent, marqués par quelques grandes figures comme Jules Grévy, Léon Gambetta et surtout Jules Ferry. L'idée d'une nouvelle exposition universelle apparaît au début des années 1880 comme un moyen de relancer l'économie par de grands travaux animés par l'Etat, tout en proposant à la Nation un projet qui mobiliserait les énergies et recréerait un consensus politique, propre à redonner à la France son rang parmi les grandes puissances.

L'Exposition de 1889, qui commémore le centenaire de la Révolution, doit aussi consacrer la République nouvellement instaurée.

Ci-dessous, la voûte métallique du palais de l'Industrie de 1855 à Paris.

En 1878, les grandes halles en fer et en verre installées sur le Champ-de-Mars font face au palais du Trocadéro, au sommet de la colline de Chaillot.

S'inspirant d'études ou de réalisations étrangères, certains songent déjà à un monument qui serait l'attraction de l'Exposition universelle de 1889

La recherche de portées de plus en plus grandes pour les halles métalliques est déjà un thème classique des expositions. La course à la hauteur reste encore l'apanage de l'architecture religieuse. Mais les ressources nouvelles qu'offre la technique au XIXᵉ siècle positiviste appellent à la transgression de ce qui était le privilège du sacré. Une tour colossale, voilà un défi à la mesure du siècle qui, selon un contemporain, «remuait obscurément depuis quelques années dans les cerveaux des ingénieurs» (E. M. de Vogüe). L'époque a soif de gigantisme, comme en témoigne l'immense statue de la Liberté qui sera inaugurée en 1886 dans la rade de New York.

L'Anglais Trevithick, expert bien connu en machines à vapeur, avait déjà proposé en 1833 de construire une colonne en fonte ajourée atteignant la hauteur symbolique de 1 000 pieds (304,80 mètres), mesurant 30 mètres à la base et 3,60 mètres au sommet. Trevithick cherche à provoquer une souscription, mais il meurt deux mois après la présentation de son projet. On peut douter que cette idée ait été réalisable, mais elle préfigure sans doute indirectement la tour Eiffel, car c'est la première fois que l'on pense à exploiter les capacités du métal pour une tour aussi élevée.

Une première application de ce principe sera réalisée dans les flèches de certains édifices religieux, comme la cathédrale de Rouen qui est dotée à partir de 1837 d'une flèche en fonte de 40 mètres de hauteur. James Bogardus, le spécialiste américain des immeubles en fonte, imagine en 1853 de surmonter le palais de l'Exposition de New York d'une tour-observatoire de 90 mètres.

La structure de la statue de la Liberté est un simple pylône, à l'image de ceux construits pour les grands viaducs, qui soutient, par l'intermédiaire de barres flexibles, la peau de cuivre de la Statue. Sa hauteur reste modeste : 46 mètres.

Clarke et Reeves proposent l'édification d'une tour de mille pieds, pour l'Exposition universelle de 1876 à Philadelphie

C'est l'année du centenaire de l'indépendance américaine, et les deux ingénieurs commentent ainsi leur projet : «La plus ancienne des vieilles nations forma des briques et fit du mortier, construisant une tour commémorative de son existence. Nous, la plus jeune des nations modernes, nous allons élever une tour, pour célébrer l'échéance du premier siècle de notre vie nationale. A côté de son prototype Babel, [...] notre gracieuse colonne en métal, qui élèvera son sommet à 1000 pieds de haut, formera un contraste frappant et mettra en relief les progrès de la science et de l'art à travers les âges.» Malgré la référence à Babel, le

Dépasser la hauteur symbolique de 1000 pieds : de nombreux ingénieurs et architectes y rêvent depuis les années 1830. Les Américains Clarke et Reeves sont les plus réalistes, avec ce projet daté de 1874. Seul le métal permettra de dépasser les flèches des cathédrales, comme celle de Cologne qui culmine à 156 mètres.

CE QUE SERA L'EXPOSITION UNIVERSELLE DE P...

VUE GÉNÉRALE DE L'EXPOSITION, DE SES AVENUES ET JARDINS, DES DEUX CONSTRUCTIONS DU TROCADÉRO...

projet n'est pas complètement irréaliste : un cylindre en fer de 9 mètres de diamètre est maintenu par des haubans métalliques disposés en treillis, ancrés sur une base circulaire de 45 mètres de diamètre. Faute de crédits, il n'est pas réalisé mais il est publié en France, notamment dans la revue *La Nature.*

L'ingénieur Sébillot a rapporté d'Amérique en 1881 l'idée d'une «tour-soleil» en fer, qui supporterait un phare susceptible d'éclairer tout Paris. Il s'associe bientôt avec Jules Bourdais, l'architecte du palais du

Bourdais, l'architecte du Trocadéro (ci-dessus), rêve lui aussi de construire sa tour en granit de 1000 pieds. L'obélisque de Washington (à droite) montre les limites de ce matériau : la hauteur de 169 mètres est péniblement atteinte après trente-cinq ans de travaux.

DE 1878.

AMP DE MARS.

Trocadéro de l'Exposition de 1878, pour concevoir une tour de trois cents mètres en granit, constituée d'un soubassement, de cinq étages entourés de galeries à la manière de la tour de Pise, et couronnée par une lanterne métallique. Ses concepteurs semblent prendre assez légèrement la question de la résistance des matériaux. Or les aléas du chantier du Washington Monument, commencé en 1848, montrent assez que la pierre n'est pas le matériau idéal pour ce genre de performance. Cet obélisque devait initialement atteindre 180 mètres de hauteur. On devra l'arrêter à 169 mètres, et le monument est finalement inauguré le 20 février 1885.

En 1884, l'idée d'une tour de grande hauteur est donc dans l'air : à Levallois-Perret, les ingénieurs d'Eiffel s'apprêtent à relever le défi

En mai de cette année-là, Emile Nouguier et Maurice Koechlin, respectivement chef du bureau des méthodes et chef du bureau d'études de l'entreprise Eiffel, s'entretiennent de l'Exposition, et se demandent «ce qui pourrait être fait pour lui donner de l'attrait».

Ils songent à «une tour très haute». Koechlin fait chez lui un calcul sommaire et dresse un croquis, daté du 6 juin 1884, qui représente un grand pylône formé de quatre piles en treillis écartées à la base et se rejoignant au sommet, liées entre elles par des ceintures métalliques horizontales disposées tous les 50 mètres. Les arêtes sont incurvées, de façon à faire passer dans leur direction la combinaison du poids propre de la Tour et de l'effort dû à la pression horizontale du vent, estimée au maximum à 300 kilos par mètre carré. A ce compte-là, la plupart des monuments de Paris seraient pour le moins décoiffés.

Comme l'expliquera Eiffel, «tout l'effort tranchant dû au vent passe ainsi dans l'intérieur des montants d'arête [...]. Les tangentes aux montants, menées en des points situés à la même hauteur, viennent toujours se rencontrer au point de passage de la résultante des actions que le vent exerce sur la partie de la pile au-dessus des deux points considérés». La courbure des piles est mathématiquement déterminée. Pour simplifier l'exécution, les arêtes du premier étage seront droites au lieu d'être courbes, mais l'harmonie de la forme incurvée si caractéristique de la Tour ne résulte ainsi que du calcul : «Les montants, avant de se réunir à ce sommet si élevé, semblent jaillir du sol, et s'être en quelque sorte moulés sous l'action du vent» (Eiffel).

Le projet de la Tour de trois cents mètres est enfin né, du moins dans ses grandes lignes

Son schéma est directement inspiré des grandes piles de viaducs métalliques, inaugurées en 1853 au viaduc de Crumlin en Angleterre, puis développées par l'ingénieur Nordling dans les viaducs de la Sarine près de Fribourg, dans ceux de la Cère, du Busseau d'Ahun et dans les quatre ponts sur la Sioule au début des années 1860. Alors que dans ces viaducs les arêtes étaient constituées de tubes en fonte, boulonnés par tronçons, l'adoption de poutres-caissons de section carrée en tôle de fer rivée permet d'atteindre des hauteurs de l'ordre de 60 mètres, tout en facilitant le montage. Eiffel, qui a construit deux des quatre viaducs sur la Sioule, a largement contribué à développer le système des poutres-caissons au viaduc de Porto et au viaduc de Garabit, alors en cours d'achèvement, ou dans la structure intérieure de la statue de la Liberté, dont le montage provisoire à Paris prend fin.

L'entreprise maîtrise donc parfaitement cette technique, bien que les hauteurs de ces ouvrages soient sans commune mesure avec le pari qui est lancé. Pour la Tour, le principe nouveau est de

L a conception de la Tour est directement dérivée de celles des pylônes de viaducs métalliques, comme celui de la Sioule (ci-dessous). On y retrouve le même principe : quatre arêtes liées par des diagonales, évasées à la base pour accroître la stabilité face aux efforts du vent.

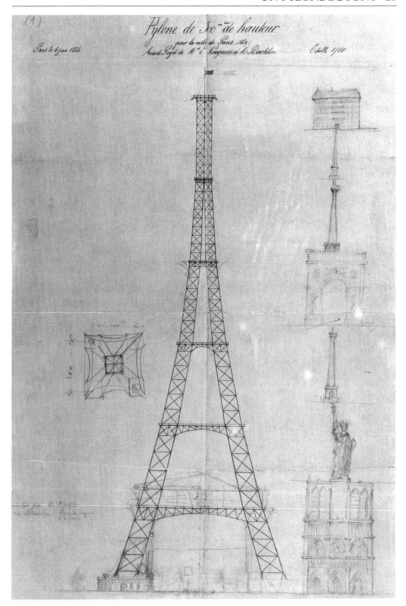

supprimer les grandes barres de treillis des faces
verticales, dont le poids serait trop élevé, en
courbant les piles.

Koechlin et Nouguier soumettent le projet à leur patron, qui déclare «n'avoir pas l'intention de s'y intéresser, mais autorise ses ingénieurs à en poursuivre l'étude»

Ils s'adjoignent alors Stephen Sauvestre, architecte
attitré de l'entreprise, qui met en forme le projet : il
dessine les socles en maçonnerie de la Tour; il habille
les quatre piliers et le   premier étage par des arcs

Le viaduc de Garabit
est le laboratoire
où sont mises au point
les techniques de
construction utilisées
pour la tour Eiffel.

monumentaux, destinés à la fois à accroître l'impression de stabilité que doit donner l'ensemble et à figurer une éventuelle porte d'entrée de l'Exposition; il place aux étages des salles vitrées entourées d'arcades pour l'accueil du public; il agrémente la tour de divers ornements, telles des Renommées sculptées sur les faces du deuxième étage; il couvre le sommet d'une toiture vitrée en forme de bulbe.

Les grandes arches du premier étage ne jouent ainsi aucun rôle structurel. Il faudra même construire une poutre spéciale pour les suspendre. Grâce à leur

P réfabrication des pièces en usine, montage en porte à faux sans échafaudages : cinq ans avant la Tour, l'entreprise Eiffel affirme à Garabit sa maîtrise parfaite de la construction métallique. Les calculs sont effectués par Maurice Koechlin (en haut), jeune ingénieur issu du Polytechnicum de Zurich, qui est, avec Emile Nouguier, l'inventeur de la Tour.

•• La composition de la forme principale au moyen d'éléments volumineux et en petit nombre donne l'idée de la rigidité et de la puissance, tandis que l'ensemble conserve la légèreté qu'autorise l'emploi du métal. ••
Théophile Seyrig,
*Le pont sur la Douro
à Porto*, 1878

parfaite intégration aux piles, elles participent pleinement à la composition de l'édifice. La forme légèrement outrepassée des arcs anticipe sur l'Art Nouveau et donne à la Tour un cachet fin de siècle.

Eiffel est convié à voir le projet ainsi «décoré», et change complètement d'attitude. Il juge l'idée tellement intéressante qu'il s'empresse de prendre le 18 septembre 1884 un brevet aux noms d'Eiffel, Nouguier et Koechlin «pour une disposition nouvelle permettant de construire des piles et des pylônes métalliques d'une hauteur pouvant dépasser 300 mètres». Le projet est exposé au Salon d'automne.

Pendant ce temps, le principe de l'Exposition universelle progresse. Le président de la République Jules Grévy prend le 8 novembre 1884 deux décrets instituant officiellement l'Exposition. Eiffel rachète alors à ses collaborateurs la propriété exclusive du brevet, y compris pour l'étranger. En contrepartie, il s'engage «dans le cas où il obtiendrait la construction d'une tour de grande hauteur qui aurait pour origine le projet actuel [...] à réserver sur le montant total des sommes qui lui seront payées pour les diverses parties de la construction une prime de un pour cent» par personne. Il promet aussi de citer leurs noms. Chacun recevra ainsi un peu plus de 50000 francs sur la base du devis établi en 1888.

Eiffel retirera évidemment beaucoup plus de cette invention. Son savoir-faire lui permettra de matérialiser cet ambitieux projet; son génie n'est pas d'avoir inventé la Tour, c'est de l'avoir réalisée et de lui avoir donné son nom.

E iffel est à la tête d'une entreprise qui réunit des ingénieurs de haut niveau. Homme de terrain, il pose entouré de ses collaborateurs au pied de Garabit (à gauche).

L' apport décoratif de l'architecte Sauvestre au projet de la Tour contribuera de façon décisive à faire passer dans l'opinion le projet quelque peu brutal conçu par les ingénieurs. C'est finalement une version intermédiaire qui sera construite.

Le projet de la Tour de trois cents mètres une fois défini, Eiffel va déployer toute son énergie et son talent publicitaire pour faire aboutir ce qui est maintenant «son» idée. Il s'agit de rendre crédible aux yeux de l'opinion ce qui est encore du domaine de l'utopie, et de matérialiser cette vue de l'esprit.

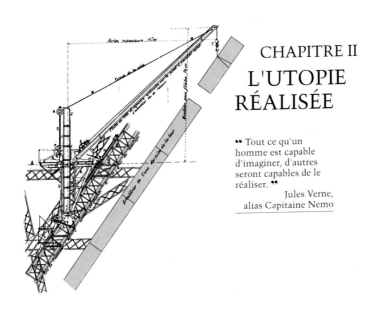

CHAPITRE II
L'UTOPIE RÉALISÉE

•• Tout ce qu'un homme est capable d'imaginer, d'autres seront capables de le réaliser. ••

Jules Verne,
alias Capitaine Nemo

Eiffel s'emploie à faire connaître le projet de la Tour par voie de presse. Le dessin en est publié en décembre 1884 dans la revue *Le Génie civil*, l'une des principales revues techniques de l'époque. Il prononce des conférences, notamment à la Société des

Le projet de la Tour fait l'objet d'une large diffusion dans la presse ou sous forme de prospectus. C'est grâce à une vigoureuse campagne de persuasion auprès des autorités qu'Eiffel parviendra à faire inclure sa proposition dans l'exposition de 1889. La version du projet, présentée ci-contre, est celle qui a été jointe à la convention passée avec la Ville de Paris et l'Etat en janvier 1887. Elle comporte encore une certaine surcharge décorative. Le dessin sera simplifié à l'exécution.

ingénieurs civils en mars de l'année suivante, où il précise les données techniques de la Tour : le poids, 6 500 tonnes (elle pèsera 7 300 tonnes sans ses constructions annexes); le prix, 3 155 000 francs, ce qui n'est pas cher au kilo (elle coûtera finalement presque deux fois et demie cette somme y compris les ascenseurs); le délai de réalisation, un an (elle sera construite en vingt-six mois). Mais cela est suffisant pour lui donner de la consistance, et c'est ce qui importe alors. A quoi va donc servir cette tour? Mais à des expériences scientifiques, de météorologie, d'astronomie, de physique, de physiologie, de télégraphie optique, ainsi que peuvent en témoigner d'éminents experts qu'Eiffel a consultés.

La Tour ne sera pas seulement un divertissement et un objet de curiosité, «elle rendra de signalés services à la science et à la défense nationale»

L'argument final d'Eiffel est patriotique : «La Tour peut sembler digne de personnifier l'art de l'ingénieur moderne mais aussi le siècle de l'Industrie et de la Science dans lequel nous vivons, dont les voies ont été préparées par le grand mouvement scientifique de la fin du XVIIIe siècle et par la Révolution de 1789, à laquelle ce monument serait élevé comme témoignage de la reconnaissance de la France.» La Tour sera ainsi la digne héritière du siècle des Lumières.

Il faut aussi éliminer le concurrent Bourdais : Eiffel s'efforce de démontrer qu'il n'est pas possible de construire une tour en pierre de 300 mètres; les fondations seraient beaucoup trop difficiles et le coût prohibitif. Mais Jules Bourdais n'est pas en reste, et

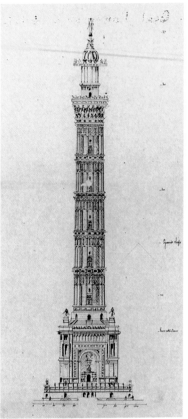

Bourdais, avec son phare monumental, est un concurrent sérieux pour Eiffel. Outre son aspect assez lourd, ce projet souffre d'un manque de crédibilité quant aux possibilités effectives de construire en pierre une tour de 300 mètres.

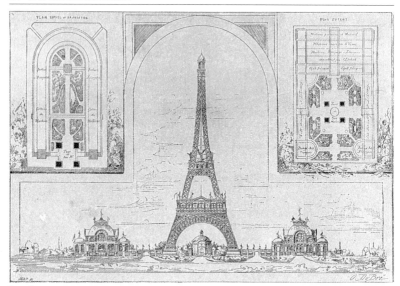

les deux concurrents font assaut de publicité, chacun rassemblant ses partisans.

D'autres architectes ou ingénieurs tentent également leur chance, sans trop de succès, parmi lesquels Neve et Hennebique (qui projettent une tour en bois et en brique) ou J.-B. Laffiteau, entrepreneur à Tarbes.

L'Exposition s'enlise cependant, victime de la crise économique et politique. La réélection de Grévy à la présidence de la République le 28 décembre 1885 relance le projet. Freycinet, revenu à la présidence du Conseil, s'efforce de le mettre définitivement sur pied, secondé par deux de ses ministres, Sadi-Carnot, ministre des Finances, et surtout, Edouard Lockroy, ministre du Commerce, qui en fait son affaire personnelle. Franc-maçon notoire, esprit rapide et ouvert, Lockroy est issu d'un milieu artistique; lui-même est passé par les Beaux-Arts et le journalisme. Sur la base de son rapport, la Chambre vote, le 1er avril 1886, un projet de loi qui dote l'Exposition, dont il sera le commissaire général, d'un budget de 43 millions, dont 17 fournis par l'Etat, 8 par la Ville de Paris et le reste par un emprunt à lots.

Eiffel est l'un des lauréats prévisibles du concours lancé en 1886 pour l'Exposition Universelle, puisque le principe d'une tour de 300 mètres figurait dans le programme. D'autres concurrents proposent des tours plus ou moins fantaisistes (en haut à droite); Cassien-Bernard et Nachon reprennent littéralement le projet Eiffel, mais l'installent à cheval sur la Seine (en bas à droite).

Lockroy est favorable à l'idée d'une tour colossale, mais il se défie de celle de Bourdais dont il a fait vérifier les calculs

Convaincu par les arguments d'Eiffel, le ministre lance le 1er mai 1886 un concours ouvert aux architectes et aux ingénieurs français, «ayant pour objet de provoquer la manifestation d'idées d'ensemble [pour l'Exposition], d'en faciliter la comparaison et d'en dégager le meilleur parti à adopter».

Le programme invite, entre autres, les concurrents à «étudier la possibilité d'élever sur le Champ-de-Mars une tour en fer à base carrée de 125 mètres de côté à la base et de 300 mètres de hauteur». De toute évidence, la tour d'Eiffel se profile nettement derrière ce programme taillé sur mesures. La remise des projets est fixée au 18 mai. Malgré ce délai très court, 107 études sont présentées, dont beaucoup sont fantaisistes. Bourdais participe, en ayant troqué le granit contre le fer.

Eiffel et Sauvestre obtiennent l'un des trois premiers prix, en compagnie des architectes Dutert et Formigé

Chacun des lauréats réalisera une partie importante de l'Exposition : Dutert, la galerie des Machines; Formigé, le palais des Arts libéraux et Eiffel sa Tour de trois cents mètres.

La Commission du concours exprime cependant quelques réserves à propos de la Tour, désormais nommée Eiffel, en particulier sur la nécessaire protection contre la foudre et sur la question des ascenseurs. Eiffel change donc de fournisseur, pour préférer à Backmann trois constructeurs : Roux-Combaluzier et Lepape, l'Américain Otis et Edoux (un centralien de sa promotion), chacun chargé de la liaison d'un étage à l'autre. Ces ascenseurs hydrauliques, tous conçus sur un modèle différent, coûteront une fraction notable du montant total de la Tour.

Il faut aussi choisir un emplacement pour cette fameuse Tour. La placer en un point élevé, comme le mont Valérien à l'ouest de Paris, la rendrait plus visible mais priverait l'Exposition de cette attraction. On convient qu'elle doit être située au sein même de l'Exposition, c'est-à-dire au Champ-de-Mars ou sur la colline de Chaillot, voire à cheval sur la Seine comme l'avait proposé un participant au concours de 1886. Mais la colline est un véritable gruyère, les fondations de la Tour y seraient hasardeuses. Le voisinage avec le palais du Trocadéro ne serait pas non plus du meilleur effet.

C'est au bord de la Seine, dans l'axe du pont d'Iéna qu'elle sera implantée, formant ainsi une monumentale porte d'entrée pour l'Exposition

Cette situation en un point bas se révélera décisive pour l'avenir de la Tour : elle y fera plus facilement corps avec la ville qu'isolée sur un piédestal.

Ces dispositions font l'objet d'une convention entre Lockroy, représentant de l'Etat, Poubelle (préfet de la Seine), représentant de la Ville de Paris, et Eiffel, agissant en son nom personnel et non celui de son entreprise. Eiffel s'engage à construire la Tour pour l'ouverture de l'Exposition. En contrepartie, il obtient une subvention de 1 500 000 francs et, à compter du 1er janvier 1890 une jouissance d'exploitation de vingt ans, y compris les restaurants, la Ville se substituant à l'Etat pour la propriété de la Tour à l'issue de l'Exposition.

Il ne reste plus à Eiffel qu'à trouver l'argent nécessaire pour la construction. Le devis de la Tour s'élevant alors à 6 500 000 francs, il crée une société

Le Champ-de-Mars, où est installée l'Exposition, est prêt à recevoir la Tour. En toile de fond, le palais du Trocadéro flanqué de ses deux campaniles. La Tour aurait pu être élevée juste derrière, au sommet de la colline de Chaillot, si le terrain avait été plus favorable pour les fondations.

Le projet définitif (à droite) ne retient des ornements de Sauvestre que les arches du rez-de-chaussée et les arcatures du premier étage.

Fig. 1. Elévation
Echelle 0.0008 p m

anonyme au capital de 5 100 000 francs, dont une moitié est financée par ses propres deniers, l'autre étant acquise par un consortium de trois banques.

Les dépenses de construction dépasseront de 1 500 000 francs le budget initial, mais les bénéfices à l'issue de la seule Exposition de 1889 permettront de rembourser intégralement le capital aux actionnaires.

La convention est signée le 8 janvier 1887, le chantier peut donc commencer

Le dessin de la Tour est alors assez différent de celui de 1884. La décoration a été simplifiée, l'importance des arches diminuée, la surface des salles vitrées réduite. Le projet regagne en netteté ce qu'il perd en surcharge décorative. La réalisation finale sera une quatrième version de celui-ci, une nouvelle fois allégé, presque un retour à l'épure originale. Le détour par l'ornement a contribué à faire accepter le projet par l'opinion publique. Quand il s'est agit de construire, des considérations d'économie ont prévalu.

Le montage de la Tour est une merveille de précision, comme s'accordent à le reconnaître tous les chroniqueurs de l'époque. C'est un spectacle extraordinaire pour les Parisiens, que de voir, jour après jour, progresser inexorablement cet immense échafaudage métallique, cette exposition grandeur nature des techniques de construction les plus avancées.

L'édification de la Tour s'est faite en vingt-quatre mois. La rapidité du montage a de quoi surprendre, d'autant plus que le nombre des ouvriers présents sur le site n'a jamais dépassé 250. C'est qu'une bonne partie du travail est réalisée à l'usine de Levallois-Perret, siège de l'entreprise Eiffel. Toutes les pièces calculées, tracées, découpées, percées au dixième de millimètre par «les gars du plancher» arrivent sur le site déjà préassemblées par éléments de 5 mètres environ. Si elles présentent un défaut quelconque, elles sont aussitôt renvoyées à l'usine et jamais retouchées sur le chantier.

Sur chaque face, les pièces de la Tour sont presque toutes différentes et placées dans des positions obliques : il faut pratiquement un dessin pour chaque pièce. Les 18 000 pièces de la Tour ont ainsi nécessité 700 dessins d'ensemble, établis par le bureau d'études, 3 600 dessins d'atelier, qui ont occupé 40 dessinateurs et calculateurs pendant deux ans. 150 ouvriers travaillent à l'usine, où sont posés les deux tiers des 2 500 000 rivets que comprend la Tour.

Pour monter à 300 mètres, il faut d'abord s'enfoncer dans le sol. Le chantier commence en janvier 1887 par l'établissement des fondations sur lesquelles reposent les piliers. On s'appuie sur une couche de gravier compact située 7 mètres en contrebas. Pelles, pioches, charrettes hippomobiles forment l'outillage de base.

Les fondations sont exécutées en quatre mois

Les deux piles du côté de l'Ecole militaire sont fondées sur un lit de béton de 2 mètres d'épaissèur coulé à l'air libre sur la couche de gravier posée à 7 mètres en contrebas du sol. Les deux piles côté Seine reposent sur des assises situées en dessous du lit de la rivière. Il faut recourir à des caissons métalliques étanches, où l'injection d'air comprimé permet aux ouvriers de travailler sous le niveau de l'eau. Ce procédé inauguré vers 1855 est bien maîtrisé par Eiffel, qui en a fait l'expérience dès le début de sa

L a Tour est calculée et dessinée, puis préfabriquée par éléments à l'usine Eiffel, à Levallois-Perret, en banlieue parisienne. Les pièces sont ensuite transportées sur le site et montées suivant un plan précis. S'il y a un défaut, la pièce est retournée à l'usine pour y être retouchée. Prévoyant, Eiffel a pris avec ses collaborateurs un brevet (à gauche) protégeant leur invention.

carrière, lors de la construction du pont de Bordeaux en 1857. Chacune des quatre arêtes de chaque pilier a son propre massif de fondations en maçonnerie, mesurant environ 5 mètres par 10 de côté, lié aux autres par des murs. Le sol n'a ainsi à supporter qu'un effort limité à 3 ou 4 kilos par centimètre carré, soit la pression exercée par un individu assis sur une chaise.

Le montage de la partie métallique commence le 1er juillet 1887. Il durera vingt-deux mois seulement

Il commence par la fixation de sabots en fonte d'acier sur les massifs de maçonnerie, au moyen de boulons d'ancrage de 7,80 mètres de longueur noyés dans la maçonnerie. Ces boulons ne sont pas nécessaires pour la stabilité, que le poids propre de la Tour suffit à assurer par lui-même. Chaque arête reçoit ainsi à son pied une pression de 875 tonnes, en tenant compte des effets du vent. Un logement est ménagé dans chacun des sabots pour y installer un vérin hydraulique de 9,5 centimètres de course et d'une force de 800 tonnes, actionné par une pompe à main mobile. On peut ainsi soulever légèrement chaque arête et rattraper le jeu qu'il pourrait y avoir à la jonction des quatre piles et du premier étage, comme un géomètre qui réglerait son niveau à bulle d'air à l'aide d'une vis. Après les ajustements nécessaires, des cales en acier sont interposées entre les sabots et les arêtes, de façon à fixer définitivement le nivellement de la Tour.

Un soubassement décoratif, constitué de dalles en béton Coignet supportées par une ossature métallique, entoure la base de chaque pilier. Les socles en pierre sur lesquels semble reposer la Tour ne sont ainsi que pur simulacre, un paravent qui dissimule ses frêles assises.

Les seize arêtes sont ensuite montées indépendamment, et liaisonnées à mesure de leur avancement par des poutrelles horizontales et

Côté Seine, on utilise des caissons métalliques étanches permettant aux ouvriers de travailler en dessous du niveau de l'eau. Un sas donne accès au caisson et permet l'évacuation des déblais. Le caisson s'enfonce à mesure de l'excavation. Au bout de quatre mois, les seize massifs de fondation sont établis, un pour chaque arête. Des boulons d'ancrage, noyés dans la maçonnerie, assurent dans un premier temps la stabilité des piliers. Eiffel (à gauche) visite le chantier.

diagonales. Jusqu'à une hauteur de 30 mètres, les
pièces sont levées sans échafaudages à l'aide de grues
pivotantes de 12 tonnes fixées sur le chemin de
roulement des ascenseurs et progressant au fur et à
mesure que s'élèvent les piliers. Ensuite,
12 échafaudages provisoires en bois étayent les
piliers. On interpose entre ceux-ci et les arêtes,
montées légèrement au-dessus de leur position
normale, des «boîtes à sable» que l'on peut vider
progressivement, ainsi que des vérins, qui permettent
de régler la position de la charpente métallique au
millimètre près. De nouveaux échafaudages de 45
mètres sont nécessaires pour soutenir les grandes
poutres de 70 tonnes du premier étage.

L'instant le plus délicat du montage est certainement la jonction des quatre piliers et de ces grandes poutres

Il faut que les trous de rivet des pièces viennent
coïncider exactement. Quelques centimètres d'erreur
suffiraient à compromettre la réalisation. Cette
opération cruciale est réalisée le 7 décembre 1887.
Eiffel sait dès cet instant qu'il pourra aller jusqu'au
bout du chantier. Les quatre poutres du premier étage
forment désormais une assise solide.

Des échafaudages
en bois supportent
les quatre arêtes et le
premier étage avant la
liaison complète des
quatre piliers, réalisée
en mars 1888.

Au-dessus du premier niveau, il n'y a plus besoin d'échafaudages intermédiaires, si ce n'est de petites plates-formes en bois autour de chaque arête. Le plancher du premier étage, situé à 57 mètres au-dessus du sol, puis celui du deuxième, à 115 mètres,

iffel (au centre) entouré des artisans de la Tour sur la première plate-forme : Sauvestre, Nouguier (à gauche), Koechlin et Salles, le gendre d'Eiffel (à droite).

servent successivement de relais pour le levage des matériaux. Un nouveau réglage du nivellement est alors opéré. Au-delà du deuxième étage, le nombre de grues est réduit à deux : elles continuent leur progression vers le sommet en utilisant les montants verticaux des ascenseurs. Le chantier, qui paraissait déjà bien calme, se perd dans les nuages. Pour satisfaire la curiosité du public, le musée Grévin installe un diorama avec personnages, pièces grandeur nature et décor peint pour mettre en scène le travail à 115 mètres de hauteur.

Sur le chantier, les opérations se réduisent au levage et à l'assemblage des pièces

Encadrés par une équipe de vétérans des grands viaducs métalliques dirigée par Compagnon et Milon, les «ramoneurs» maîtrisent le vertige. L'hiver 1888-1889 est rigoureux, et le vent engourdit les corps. En dehors des charpentiers, qui sont les ouvriers les mieux payés, le fer de lance de l'équipe est constitué par les riveurs. Il y a six équipes de riveurs par pilier, puis deux au-dessus du deuxième étage.

La Tour est assemblée avec des rivets dont un tiers sont posés sur le site, dans des conditions acrobatiques. Une équipe de quatre hommes en pose près d'une centaine par jour. La Tour s'élève au rythme de 10 mètres par mois jusqu'au second étage, puis de 30 dans sa flèche finale; des grues fixées sur les glissières des ascenseurs à l'intérieur des piliers progressent en même temps que la Tour.

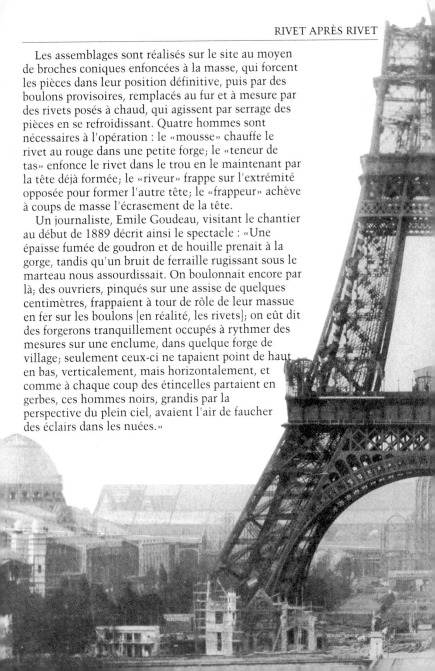

Les assemblages sont réalisés sur le site au moyen de broches coniques enfoncées à la masse, qui forcent les pièces dans leur position définitive, puis par des boulons provisoires, remplacés au fur et à mesure par des rivets posés à chaud, qui agissent par serrage des pièces en se refroidissant. Quatre hommes sont nécessaires à l'opération : le «mousse» chauffe le rivet au rouge dans une petite forge; le «teneur de tas» enfonce le rivet dans le trou en le maintenant par la tête déjà formée; le «riveur» frappe sur l'extrémité opposée pour former l'autre tête; le «frappeur» achève à coups de masse l'écrasement de la tête.

Un journaliste, Emile Goudeau, visitant le chantier au début de 1889 décrit ainsi le spectacle : «Une épaisse fumée de goudron et de houille prenait à la gorge, tandis qu'un bruit de ferraille rugissant sous le marteau nous assourdissait. On boulonnait encore par là; des ouvriers, pinqués sur une assise de quelques centimètres, frappaient à tour de rôle de leur massue en fer sur les boulons [en réalité, les rivets]; on eût dit des forgerons tranquillement occupés à rythmer des mesures sur une enclume, dans quelque forge de village; seulement ceux-ci ne tapaient point de haut en bas, verticalement, mais horizontalement, et comme à chaque coup des étincelles partaient en gerbes, ces hommes noirs, grandis par la perspective du plein ciel, avaient l'air de faucher des éclairs dans les nuées.»

En septembre 1888, alors que le chantier dépasse le deuxième étage, les compagnons se mettent en grève

Travaillant dans des conditions acrobatiques, ils s'estiment insuffisamment payés malgré leurs journées de douze heures en été – mais seulement neuf en hiver. Eiffel argue que le risque est le même à 200 mètres qu'à 40 mètres : en cas de chute, c'est la mort certaine. Il lâche cependant une augmentation. Nouvelle grève trois mois plus tard : cette fois, Eiffel menace de renvoyer ceux qui ne reprennent pas le travail. Les meneurs sont affectés au montage des arcs du premier étage, avec interdiction de monter aux étages supérieurs.

Eiffel veille au confort de ses ouvriers : il installe une cantine au premier étage, dont il subventionne une partie du fonctionnement. Cela évite aussi aux compagnons de perdre du temps dans les cafés du Champ-de-Mars. Un seul accident mortel endeuille le chantier, un ouvrier italien, dont la veuve est discrètement indemnisée sous réserve qu'elle retourne dans son pays.

Malgré le vent et le vertige, un seul accident mortel est à déplorer sur ce chantier exemplaire. C'est qu'il y a peu d'ouvriers sur le chantier, grâce à la parfaite préfabrication des pièces. A titre de comparaison, la construction du grand pont sur le Firth of Forth, construit en Ecosse en même temps que la tour Eiffel, a coûté la vie à plusieurs dizaines d'hommes.

Pour accéder au premier étage, Roux Combaluzier et Lepape ont installé une cabine à deux niveaux mue par la force hydraulique.

La Tour devant être une attraction pour le public, il faut prévoir un accès aisé, dans de parfaites conditions de sécurité

Bien entendu, la Tour est dotée d'escaliers. 360 marches entrecoupées de paliers permettent d'atteindre le premier étage, et il en faut à nouveau 380 pour rejoindre le deuxième. Ce deuxième escalier est hélicoïdal et sans palier, et donc beaucoup plus raide que l'escalier inférieur. De la deuxième à la troisième plate-forme est installé un escalier du même type de 1062

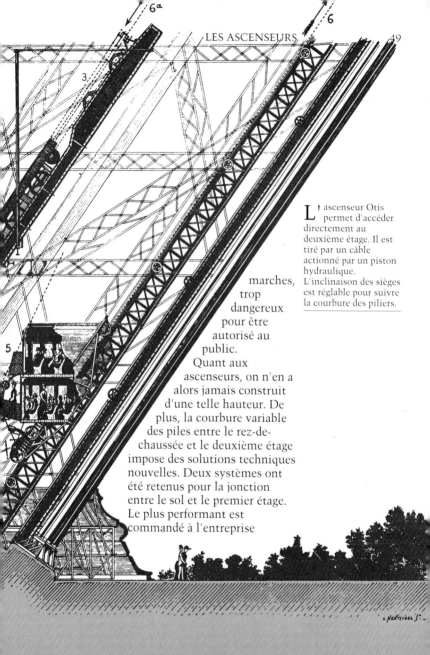

6ᵃ

6

3

L' ascenseur Otis permet d'accéder directement au deuxième étage. Il est tiré par un câble actionné par un piston hydraulique. L'inclinaison des sièges est réglable pour suivre la courbure des piliers.

5

marches, trop dangereux pour être autorisé au public. Quant aux ascenseurs, on n'en a alors jamais construit d'une telle hauteur. De plus, la courbure variable des piles entre le rez-de-chaussée et le deuxième étage impose des solutions techniques nouvelles. Deux systèmes ont été retenus pour la jonction entre le sol et le premier étage. Le plus performant est commandé à l'entreprise

c. NESTSCHELL St.-

américaine Otis,
qui possède déjà
une vaste expérience
dans le domaine des
ascenseurs de grande course.
Dans chacun des piliers nord et
sud, une cabine à deux étages
appuyée sur des glissières obliques
est tirée par un câble actionné par
un piston hydraulique dont la
course est démultipliée par un jeu
de poulies. Bien que simple dans
son principe, ce système est assez
délicat à mettre au point, compte
tenu des exigences d'Eiffel en
matière de sécurité. Il permet
cependant de desservir le deuxième
étage.

Un autre ascenseur est installé dans les piliers est et ouest entre le sol et le premier étage par l'entreprise française Roux, Combaluzier et Lepape. Il est actionné par une double chaîne sans fin mue par la force hydraulique. Plus lent et plus fragile que l'ascenseur Otis, il est jugé plus sûr, et chaque cabine peut transporter 200 personnes au lieu de 100.

Enfin, un ascenseur vertical fabriqué par Edoux relie le deuxième et le troisième étage. La cabine supérieure est poussée par un piston hydraulique de 78 mètres de course. La cabine inférieure constitue le contrepoids.

Ainsi toutes les ressources de la technique ont-elles été conjuguées pour faire de la Tour une machine à émerveiller les foules.

Un troisième ascenseur, construit par Edoux, permet d'accéder à la plate-forme du sommet. Il faut changer de cabine sur un palier intermédiaire. Le périlleux escalier en spirale qui relie le deuxième étage au troisième étage est réservé au service : Eiffel y pose fièrement en 1889 (à gauche) à 300 mètres du sol.

Le 31 mars 1889, la Tour est achevée, à temps pour l'Exposition universelle dont elle sera l'attraction la plus spectaculaire. En présence de quelques notables essoufflés, le drapeau tricolore est hissé par Eiffel sur le mât qui prolonge l'étroite plate-forme du sommet. Au cours de cette «fête intime de chantier», Eiffel est promu officier de la Légion d'honneur.

CHAPITRE III

LA GRANDE DEMOISELLE À L'EXPO

** La France assure la paix au monde civilisé par cette œuvre de titan, à laquelle les peuples ont mis la main, forgeant ainsi, dans un effort commun, un souvenir impérissable sur l'enclume de l'immortalité.**
Prince Georges Bibesco, président du Comité roumain, 1889.

Eiffel a dû vaincre bien des réticences, bien des oppositions larvées ou ouvertement exprimées pour arriver à ses fins. On se demandait si cette tour serait vraiment constructible et quelle pouvait être son utilité. Le concours d'architecture lancé pour l'Exposition en 1886 entérinait le soutien apporté par l'administration de l'Etat et de la Ville au projet, puisqu'il était officiellement intégré à l'Exposition.

Il fallait aussi compter avec l'opinion publique, et surtout avec l'hostilité déclarée d'une partie des architectes et des artistes

Dès le 12 juin 1886, le jour de la proclamation des résultats du concours, l'influente revue d'architecture *La Construction moderne,* émanation de la Société centrale des architectes, attaque la tour Eiffel, en prenant la défense de Bourdais. L'argumentation, d'assez mauvaise foi, repose essentiellement sur les aléas techniques supposés, concernant en particulier les ascenseurs «impossibles à loger dans ces piliers curvilignes».

D'autres pamphlets ou articles paraissent tout au long de l'année 1886, auxquels se mêlent aussi nombre d'opinions favorables. Emile Rivoalen, l'un des plus talentueux parmi les journalistes d'architecture de l'époque, admet ainsi en septembre qu'il faudrait avoir vu le viaduc de Garabit pour juger cette «œuvre

d'ingénieur [dont] le but est beaucoup plus industriel et scientifique que ne le pensent la plupart des critiques».

En février 1887 éclate au grand jour la cabale menée depuis quelques mois par l'«establishment» artistique

Les travaux ont à peine commencé que paraît le 14 février, dans le journal *Le Temps*, une «Protestation contre la Tour de M. Eiffel» adressée à M. Alphand, directeur des travaux de l'Exposition. Elle est signée de quelques grands noms du monde des lettres et des arts : Charles Gounod, Guy de Maupassant, Alexandre Dumas fils, François Coppée, Leconte de Lisle, Sully Prudhomme, William Bouguereau, Ernest Meissonier, Victorien Sardou, Charles Garnier et bien d'autres...

Les auteurs viennent «protester de toutes leurs forces, de toute leur indignation, au nom du goût français méconnu, [...] contre l'érection, en plein cœur de notre capitale, de l'inutile et monstrueuse tour Eiffel, que la malignité publique, souvent empreinte de bon sens et d'esprit de justice, a déjà baptisé du nom de "tour de Babel".»

D'autres pamphlétaires ne sont pas en reste, et de toute part les injures fusent :

Les artistes de l'époque les plus en vue lancent au début du chantier une «protestation» publique contre la tour Eiffel. Ils reprochent son caractère trop industriel à cette «tour vertigineusement ridicule dominant Paris, ainsi qu'une noire et gigantesque cheminée d'usine». François Coppée y consacre même un long poème : «Œuvre monstrueuse et manquée,/ Laid colosse couleur de nuit,/ Tour de fer,/ rêve de Yankee,/ Ton obsession me poursuit.» Trop tard : ni les organisateurs de l'Exposition, ni Eiffel ne reculent.

De gauche à droite : Dumas fils, Maupassant, Coppée, Leconte de Lisle, Sully Prudhomme, Garnier et Bouguereau.

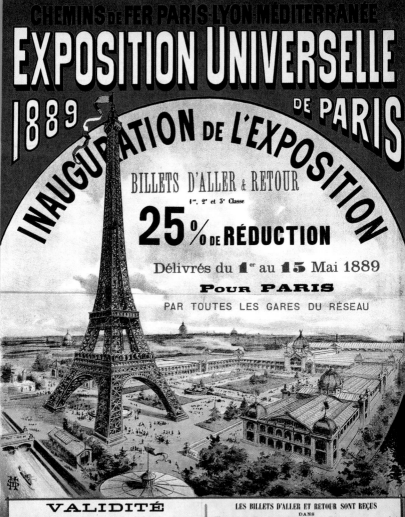

SOUVENIR DE L'EXPOSITION UNIVERSELLE DE 1889

L'Exposition universelle de 1889

L'Exposition de 1889 reçoit près de dix millions de visiteurs, dont beaucoup d'étrangers et de provinciaux. La Tour est bien sûr la grande vedette de l'Exposition. Plus qu'une célébration de la vitalité industrielle de la France, elle confirme le triomphe de la République, dont l'assise semble encore précaire.

" La voilà, cette tour Eiffel qui a suscité tant de colère et d'enthousiasme! Elle est arrivée à la date fixée, à son heure, mathématiquement, implacable comme la destinée, et sa tête orgueilleuse, sur laquelle flotte le drapeau tricolore, semble convier à son apothéose les peuples du monde entier qui, depuis de longs mois, répètent à satiété et avec une sorte d'admiration religieuse, le nom de la divinité nouvelle. "

Frantz Jourdain

AU BON MARCHÉ

Numéro 480 — PRIX DU NUMÉRO : 40 centimes — 11 Mai 1889

La Caricature

L'OUVERTURE DE L'EXPOSITION. — par A. ROBIDA

2me ANNÉE - N° 1.195 — FRANCE : 15 CENTIMES — 20 Juillet 1889

LE GRELOT

Voir en tête de la deuxième page les conditions auxquelles on peut recevoir gratuitement le GRELOT

CHOC EN RETOUR

SOUVENIR
DE
L'EXPOSITION
1889.

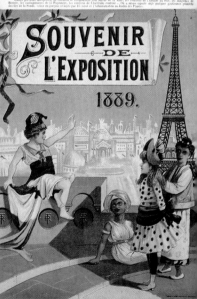

1878

1855

«ce lampadaire véritablement tragique» (Léon Bloy);
«ce squelette de beffroi» (Paul Verlaine); «le mât de
fer aux durs agrès» (François Coppée). Maupassant
parle d'«un squelette disgracieux et géant [...] qui
avorte en un ridicule et mince profil de cheminée
d'usine». Joris-Karl Huysmans trouve aussi que la
Tour ressemble à «un tuyau d'usine en construction».
«C'est le clocher de la nouvelle église dans laquelle se
célèbre le service divin de la haute banque.»

La meilleure réponse aux oppositions diverses qui s'élèvent contre la Tour est la Tour elle-même, qui impose sa force et sa présence dans le paysage parisien. Certains détracteurs font amende honorable, tels Gounod ou Sully Prudhomme, lequel, reconnaissant «avoir jugé et condamné par défaut», salue «l'audace magnifique dont la majesté suffit amplement à le satisfaire».

Un conseiller de Paris, riverain du Champ-de-Mars,
va même jusqu'à intenter un procès à Eiffel, arguant
du risque que fait courir la construction de la Tour
aux maisons environnantes. Pour éviter une longue
procédure qui aurait bloqué les travaux, Eiffel assume
personnellement tous les risques et se déclare prêt
à dédommager les riverains en cas d'accident.

A la protestation ampoulée des artistes, Lockroy
répond par une lettre ouverte, chef-d'œuvre d'ironie,
adressée à Alphand, qui s'achève ainsi : «Ce que je
vous prie de faire, c'est de recevoir la protestation
et de la garder. Elle devra figurer dans les vitrines
de l'Exposition. Une si belle et si noble prose signée
de noms connus dans le monde entier ne pourra
manquer d'attirer la foule et, peut-être, de l'étonner.»

Eiffel répond aussi de son côté dans une interview accordée au «Temps»

Il y résume sa doctrine artistique : «Je crois, pour ma
part, que la Tour aura sa beauté propre. [...] Est-ce que
les véritables conditions de la force ne sont pas
toujours conformes aux conditions secrètes de
l'harmonie? [...] Or de quelles conditions ai-je eu,
avant tout, à tenir compte dans la Tour? De la
résistance au vent. Eh bien! je prétends que les
courbes des quatre arêtes du monument,
telles que le calcul les a fournies [...] donneront
une grande impression de force et de beauté. [...]
Il y a du reste dans le colossal, une attraction,
un charme propre.»

Pour Eiffel, l'esthétique de la Tour est
purement rationnelle, abstraite, référencée
aux lois de la science, et morale, «symbole
de force et de difficultés vaincues».

GUSTAVE EIFFEL (1855)

E iffel défend
«sa» tour, en
la comparant aux
pyramides d'Egypte,
«qui ne sont après tout
que des monticules
artificiels».«A la
grandeur de l'œuvre,
on mesure la grandeur
de l'homme.»

Par son aspect franc et brutal, la Tour matérialise la rupture entre architectes et ingénieurs, entre art et science

Elle incarne une nouvelle expression de la structure et de l'espace. De même que la photographie s'affirme à la fin du XIXᵉ siècle face à la peinture comme un art à part entière, et non plus comme un simple moyen de représentation du monde, l'architecture métallique trouve avec la Tour ses lettres de noblesse.

Ce n'est pas seulement parce qu'elle est en fer qu'elle soulève de si fortes oppositions. Huysmans, par exemple, n'avait pas craint en 1881 de célébrer la conception architecturale moderne permise par le métal : «Les architectes et les ingénieurs qui ont bâti la gare du Nord, les Halles, le marché aux bestiaux de la Villette et le nouvel hippodrome, ont créé un art nouveau, aussi élevé que l'ancien, un art tout contemporain de fond en comble, supprimé presque le bois, les matériaux bruts fournis par la terre, pour emprunter aux usines et aux foyers la puissance et la liberté de leurs fontes.»

En réalité, le caractère industriel très affirmé des bâtiments de l'Exposition de 1889 brise déjà le fragile consensus né au lendemain de la précédente : «Vers 1878, on crut trouver le salut dans l'architecture de fer : les aspirations verticales, la prédominance des vides sur les pleins et la légèreté de l'ossature apparente firent espérer que naîtrait un style en qui revivrait l'essentiel du génie gothique, rajeuni par un esprit et des matériaux neufs » (Dubech et d'Espezel).

B ien que l'Exposition de 1889 soit le triomphe de l'architecture métallique, la Tour détonne par la franchise de sa structure avec le goût de l'époque.

Détracteurs ou zélateurs de la Tour s'accordent pour reconnaître qu'elle est l'emblème d'une époque, dominée par l'essor irrésistible de l'industrie, la reconnaissance de la démocratie, le triomphe de l'argent.

Si les artistes boudent la Tour, le public lui réserve un accueil triomphal

La Tour est ouverte au public le 15 mai 1889. Dès la première semaine, alors que les ascenseurs ne sont pas encore en service, ce sont 28 922 visiteurs qui font à pied l'ascension jusqu'au premier ou au deuxième étage.

Puis à partir du 26 mai, la foule se déplace en ascenseur. Au bout des 173 jours qu'a duré l'exposition, on aura enregistré 1 953 122 entrées, soit près de 12 000 par jour. Les hôtes de marque sont invités à parapher le livre d'or.

C omme la tour Eiffel, la galerie des Machines, conçue par Dutert et Contamin, est un exploit constructif qui marque le triomphe de l'industrie et de la technique à l'Exposition de 1889. Cette immense halle couverte par une charpente d'une seule volée de 440 mètres par 110 occupe toute la largeur du Champ-de-Mars. Elle abrite les «merveilles de la mécanique moderne».

" Imaginez une galerie colossale, large comme on n'en vit jamais, plus haute que la plus élevée des nefs, une galerie s'élançant sur des jets d'arceaux, décrivant comme un plein cintre brisé, comme une exorbitante ogive qui rejoint sous le ciel infini des vitres ses vertigineuses pointes, et, dans cet espace formidable, dans tout ce vide, rapetissées, devenues quasi naines, les énormes machines malheureusement trop banales, dont les pistons semblent paillarder, dont les roues volent. "

J. K. Huysmans

On y trouve la signature de Georges Ier de Grèce, du shah de Perse, et de quelques princes de sang, tel le prince de Galles, le prince Baudoin, le tsarévitch, le fils de l'empereur du Japon, mais somme toute peu de têtes couronnées, car les monarchies de l'Europe voient d'un mauvais œil cette célébration de la Révolution de 1789.

Eiffel est peut-être plus sensible encore à l'hommage de ses pairs, les ingénieurs, tel Thomas Edison qui visite la Tour. Eiffel à d'ailleurs tenu à dédier sa Tour aux hommes de science en faisant

graver en lettres d'or les noms d'une pléiade de savants sur la périphérie du premier étage. Mais ils sont inscrits en trop petits caractères pour être lus du sol. Celui d'Eiffel n'y figure pas : il s'écrit du haut en bas de la Tour, des fondations au campanile.

Le succès de la Tour se concrétise par sa reproduction sous des formes nombreuses et variées.

On voit fleurir des modèles réduits et des souvenirs en tout genre : bouteilles et bougies, breloques et chromos, coupe-papier et pieds de lampe… Eiffel envisage d'exploiter commercialement l'image de la Tour, sur une proposition de Jules Jaluzot, le directeur du Printemps, qui veut lui racheter les droits exclusifs de reproduction et lui propose la fabrication en série de copies. Mais devant le tollé soulevé chez de nombreux artisans par cette initiative, Eiffel abandonne ses droits au domaine public.

La Tour sera aussi copiée à plus grande échelle. On ouvre dès 1890 un concours

L a Tour connaît
dès son
inauguration
le 15 mai 1889
un énorme succès
populaire. Les visiteurs
s'y pressent dès le
premier jour, n'hésitant
pas à gravir le périlleux
escalier en colimaçon
qui dessert le deuxième
étage. Eiffel est comblé
d'hommages,
notamment par Edison
(à gauche) qui
enregistre sur son
phonographe la voix
d'Eiffel et offre une
dédicace au «courageux
constructeur du si
gigantesque et si
original spécimen de
construction
moderne.»

en Grande-Bretagne pour une tour de 1 200 pieds (360 mètres environ), rivalité nationale oblige. Les soixante-dix projets présentés ressemblent beaucoup à la tour Eiffel et le jury est désappointé : «L'existence de la Tour et le désir d'éviter des imitations ont considérablement accru les difficultés du problème, car la tour Eiffel réunit les moyens les plus rationnels de combiner un monument présentant un aspect architectural et une construction économique.» Les travaux sont commencés en 1893, mais le chantier ne sera pas poursuivi au-delà de 50 mètres de hauteur. On en trouvera des copies plus ou moins conformes à Lyon-Fourvière, à Blackpool, à New Brighton près de Liverpool, à Tokyo et à Berlin.

L'ascension de la Tour est organisée pour être une expérience ludique et pédagogique

Les visiteurs trouvent là «une impression grandiose, un élargissement de l'esprit, à tout le moins une sensation de plaisir et d'allégement» (E. M. de Vogüe).  Au premier étage sont aménagés une salle de spectacle de 250 places, un restaurant français, un restaurant russe, un bar anglo-américain pour ceux qui n'ont pas suffisamment l'ivresse des cimes.

Chaque pavillon est construit suivant un style différent, dans la tradition de l'architecture d'exposition. Il y a aussi des bureaux de tabac, des échoppes de photographes, des loueurs de jumelles, des marchands de souvenirs, «toute une ville d'eau transportée dans la mâture, parmi les vergues, hunes et huniers d'un voilier qui n'aurait pas de voiles» (E. Goudeau).

Au deuxième étage, on retrouve en réduction le même genre de boutiques, une buvette et une imprimerie où est fabriquée chaque jour une édition spéciale du *Figaro*.

Le troisième étage se partage en deux niveaux. L'un, ouvert au public, permet d'admirer à l'abri de vitres le panorama qui s'offre à la ronde; la ligne d'horizon se trouve à 67 kilomètres. Au-dessus de ce plateau, un étage abrite un bureau qu'Eiffel s'est réservé et trois laboratoires scientifiques, pour l'astronomie, la physiologie et la météorologie. Enfin, le couronnement de la Tour est constitué de deux arches en treillis qui supportent la lanterne d'un phare qui éclaire au-delà de l'horizon géographique. L'étroite plate-forme en plein air, qui couronne le sommet à exactement 300 mètres d'altitude, est surmontée d'un paratonnerre à trois branches. Au pied de la Tour se déploie l'Exposition, dont elle est le flambeau.

Eiffel s'est réservé au sommet un bureau meublé et capitonné pour recevoir ses visiteurs. La nuit, de puissants projecteurs de marine, mobiles sur rails, balaient de leurs pinceaux de lumière les toits de Paris.

Les fastes de 1889 viennent de se terminer. L'attraction de foire qu'est alors la Tour devient peu à peu un symbole de modernité et l'emblème de Paris. Peintres et poètes la célèbrent. Elle entre dans le XXe siècle.

CHAPITRE IV

LES MÉMOIRES D'UNE CENTENAIRE

** Réseau mystérieux des ondes concentriques, Lares aériens d'un culte idolâtrique... Petrograd aux aguets, loin d'ici, vous écoute, Et la flotte entendra vos paroles en route.**
Simone de Caillavet (Mme André Maurois), *le Gaulois*, 20 août 1917

Après le triomphe de 1889, le nombre de visiteurs chute de manière vertigineuse : il tombe à 400000 en 1890, puis continue à décroître jusqu'à 150000 en 1899. La Société de la tour Eiffel, créée en 1889 pour en assurer l'exploitation, attend beaucoup de la nouvelle Exposition universelle prévue pour 1900. La tour Eiffel n'est plus une nouveauté mais doit tout de même être intégrée à l'Exposition.

B ien que le tarif soit réduit, il y a deux fois moins de visiteurs en 1900 qu'en 1889.

Différents projets sont dressés pour l'habiller, ou pour lui donner quelques attraits supplémentaires. Sauvestre propose ainsi de construire deux pylônes permettant d'atteindre directement le deuxième étage. Plusieurs travaux d'amélioration sont réalisés : agrandissement de la plate-forme du deuxième étage par une galerie extérieure, regroupement des locaux commerciaux en un bâtiment unique, remplacement de l'éclairage au gaz par un éclairage électrique, et de l'un des ascenseurs.

Malgré les transformations réalisées pour l'Exposition de 1900, la baisse des visiteurs se confirme

1024897 visiteurs seulement cette année-là, ce qui représente à peine plus de la moitié du nombre constaté en 1889 – alors que les entrées à l'Exposition de 1900 sont bien supérieures à celles de 1889. La Tour est passée de mode, elle est presque anachronique

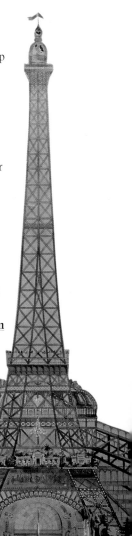

dans le contexte architectural de 1900, qui privilégie le retour en force de la pierre et de l'ornement sculpté.

Puis c'est de nouveau la dépression : entre 120 000 et 250 000 personnes en font l'ascension chaque année de 1901 à 1914. Les chiffres s'améliorent un peu entre les deux guerres, avec des pointes à 800 000 visiteurs lors des grandes expositions qui se tiennent à Paris, et particulièrement l'Exposition coloniale de 1931 et l'Exposition internationale de 1937. Il faudra attendre 1963 et le développement prodigieux du tourisme mondial pour retrouver, soixante-quatorze ans après l'année inaugurale, mais cette fois définitivement, les deux millions de visiteurs. L'année du centenaire, on approchera le cap des cinq millions d'entrées. Jamais personne n'aurait pu prévoir un tel succès auquel, curieusement, les Parisiens sont les derniers à participer : la majorité d'entre eux ne sont jamais montés sur la tour Eiffel.

En 1900, l'éclairage électrique, invention récente, affirme sa supériorité tous azimuts. La Tour participe à la féerie lumineuse de l'Exposition.

Toussaint propose de transformer la Tour en palais de l'Electricité et du Génie civil (à gauche) en adjoignant autour de sa base une immense salle vitrée.

En 1900, l'avenir de la tour Eiffel est loin d'être assuré : la concession d'origine accordée à Eiffel expire le 31 décembre 1909

Il était prévu qu'à cette date la Tour reviendrait à son propriétaire, la Ville de Paris, pour être promise à la démolition comme les autres édifices de l'Exposition universelle construits sur le Champ-de-Mars. On étudie sérieusement la question de la démolition de la Tour en 1903, bien que l'on envisage aussi sa reconstruction sur un autre site.

Un rapport présenté par l'architecte Jean-Louis Pascal, membre de l'Institut, conclut cependant à sa conservation : «L'intérêt d'une œuvre de construction après tout unique au monde, [...] la curiosité toujours entretenue des visiteurs qui reviennent émerveillés du panorama des 300 mètres et, surtout, l'adaptation exceptionnelle de cet édifice à des recherches scientifiques passées, présentes et futures, [...]

La désaffection du public pour la Tour après l'Exposition de 1900 pose la question de sa conservation. Eiffel s'emploie à lui trouver une utilité scientifique.

sacrifiera-t-on tout cela à une appréciation esthétique sévère et détruira-t-on [...] un édifice monstre, et qu'on pourrait souhaiter être plus beau?»

C'est donc en partie l'intérêt scientifique de la Tour qui va la sauver. Devant les menaces qui pèsent sur elle, Eiffel active en 1903 les expériences qu'il y a déjà entreprises.

Inculpé dans le procès de Panama, il s'est complètement retiré des affaires en 1893. Injustement compromis dans la débâcle de la Compagnie du canal, parce qu'il a accepté *in extremis* en 1887 d'en assurer l'achèvement au moyen d'écluses de son invention, il s'est retrouvé au banc des accusés. Condamné puis absous par la Cour de cassation, il reste durement atteint par cette affaire.

Un dispositif expérimental pour l'étude de la chute des corps est monté sur la deuxième plate-forme.

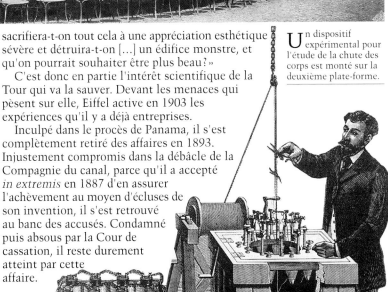

Agé de soixante et un ans, Eiffel entame alors une nouvelle carrière, moins spectaculaire mais tout aussi féconde, pour se consacrer à la recherche scientifique

Un appareil de mesure installé le long d'un câble mesure la résistance de l'air sur différentes formes de profils. Le choc de l'arrivée est amorti par un système de freinage.

Ce n'est pas un grand théoricien : il préfère l'expérimentation, domaine dans lequel ses qualités de précision, de méthode, et aussi d'imagination, peuvent s'exprimer pleinement. La Tour sera l'un de ses champs d'action favoris. Dès la conception du projet, il avait pressenti qu'elle pourrait servir à des fins scientifiques.

Dès 1889, Mascart, directeur du Bureau central météorologique fait installer au sommet de la Tour avec l'aide d'Eiffel une petite station d'observation. Jusqu'en 1912, Eiffel participe activement, et à ses frais, à la conception et à l'entretien de quatre postes météorologiques dans les propriétés qu'il possède en France. Les résultats, ajoutés à ceux d'une vingtaine de stations officielles, minutieusement compilés, sont publiés annuellement dans un atlas météorologique édité à compte d'auteur.

Le site exceptionnel de la Tour, offrant une dénivelée de 300 mètres à proximité immédiate des laboratoires parisiens, permet la réalisation d'un certain nombre d'expériences de physique : manomètre géant pour l'étalonnage des appareils de mesure de pression, pendule de Foucault, mesures spectroscopiques, mesure de la vitesse du vent et de la température atmosphérique en fonction de l'altitude, etc. Il est même envisagé un moment d'installer un observatoire astronomique au sommet.

A la fin du XIXᵉ siècle, les effets du vent sur les constructions sont encore très mal connus. Dans les calculs de stabilité, on utilise des formules empiriques aux résultats approximatifs. Par exemple,

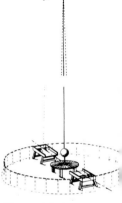

Le pendule de Foucault suspendu au deuxième étage permet de mettre en évidence la force de Coriolis.

on avait calculé que le sommet de la Tour pourrait subir des oscillations de l'ordre de 70 centimètres. Or il n'a jamais été constaté de déplacements supérieurs à 15 centimètres, en partie causés par la dilatation thermique de la partie exposée au soleil. Eiffel a donc surestimé la pression du vent, son «vieil ennemi», et le rôle joué par le caractère ajouré de la structure. L'accident, heureusement sans victime, du viaduc de la Tardes en 1884 l'avait aussi beaucoup impressionné : pendant une tempête, l'ouvrage qu'il construisait alors avait été précipité dans le vide.

Eiffel consacre la meilleure part de son activité scientifique à l'aérodynamique

A cet égard, la Tour offre un champ d'expérience nouveau et singulièrement pratique. Une première série de mesures est entreprise en 1903 au moyen d'un dispositif très ingénieux afin de déterminer les effets de la résistance de l'air sur des corps en mouvement en fonction de leur section et de leur forme. L'échantillon à étudier, monté sur

Le docteur Hénocque, beau-frère d'Eiffel, préconisait des cures d'altitude à 300 mètres pour soigner les dépressions psychiques et la coqueluche.

un système d'enregistrement de l'effort, chute librement le long d'un câble tendu entre la deuxième plate-forme et le sol, tandis que l'on mesure divers paramètres concernant la vitesse et la résistance offerte par le profil en cause.

Puis Eiffel se rend compte qu'il est plus facile de mettre de l'air en mouvement plutôt qu'un corps solide ; il construit en 1909 une petite soufflerie au pied de la Tour, ancêtre d'une installation plus importante, réalisée en 1912, toujours par ses soins, rue Boileau, et de toutes les souffleries aérodynamiques du monde. Par ses recherches très importantes poursuivies jusqu'à sa mort en 1923, Eiffel peut être considéré comme le fondateur de l'aérodynamique expérimentale. Tous les pionniers de l'aviation française, Voisin, Farman, Blériot, Breguet, ont testé leurs maquettes au laboratoire d'aérodynamique de la rue Boileau.

C'est en 1898 que prend réellement naissance la vocation utilitaire de la Tour, celle qui finira par justifier son maintien au Champ-de-Mars

En octobre de cette année-là, Eugène Ducretet établit la première liaison télégraphique hertzienne entre la Tour et le Panthéon, distant de 4 kilomètres. En 1903, un officier du génie, le capitaine Ferrié propose d'établir un réseau militaire de télégraphie sans fil, au milieu de l'indifférence et de l'incompréhension générales. Eiffel lui apporte son soutien et accepte l'installation d'antennes en assumant la charge des frais que l'Armée refusait, les signaux optiques et les pigeons voyageurs paraissant plus fiables.

La T.S.F. porte chaque année plus loin : jusqu'aux forts de l'Est en 1906, à Bizerte, en Afrique du Nord en 1907, bientôt en Amérique. A partir de 1912, la station de la tour Eiffel émet des signaux horaires à destination du monde entier. Dès les premières liaisons à longue distance établies, la Tour est devenue d'un intérêt stratégique. Elle est sauvée. La concession accordée à Eiffel est renouvelée le 1er janvier 1910 pour soixante-dix ans.

On se félicitera quatre ans plus tard d'avoir pris une telle décision.

Réquisitionnée par l'Armée pendant la Grande Guerre, la Tour rend des services inappréciables : c'est grâce à elle que sont captés plusieurs messages décisifs, notamment le «radiogramme de la victoire» en 1914 qui permet de déjouer l'attaque allemande sur la Marne.

La paix revenue, la T.S.F. deviendra bientôt la radiodiffusion. A partir de 1921, un émetteur civil diffuse des programmes de musique, des chroniques, puis un «Journal parlé» capté par les amateurs sur de simples postes à galène. Radio Tour-Eiffel est bien connue des Parisiens.

Eiffel a testé d'innombrables maquettes d'avion, dans son laboratoire d'aérodynamique.

La Tour ne sera pas détruite contrairement aux prédictions du fakir Fhakya-Khan (ci-dessus) : elle sera sauvée par la radiotélégraphie.

Les premiers balbutiements de la télévision en France datent de 1925 et ont aussi pour cadre la tour Eiffel. La technique s'améliore progressivement, et des émissions expérimentales sont diffusées entre 1935 et 1939. Fait peu connu, en 1943, l'armée allemande installe sur l'antenne de la Tour un véritable réseau, transmettant des programmes destinés à la distraction des blessés hébergés dans les hôpitaux de la région. Après la Seconde Guerre mondiale, la télévision prend son essor et l'utilisation d'ondes ultracourtes dans tous les domaines des radiocommunications nécessite l'emploi d'antennes perchées le plus haut possible. Paris avait depuis longtemps sa tour de télévision. Il a suffi d'ériger à son sommet un pylône d'une vingtaine de mètres pour installer des antennes desservant dix millions de personnes. La partie supérieure du troisième étage est complètement reconstruite en 1959 pour y adapter une nouvelle antenne, si bien que la Tour culmine aujourd'hui à 320,75 mètres. On a par ailleurs aménagé un studio utilisable par l'autorité politique en cas d'urgence, d'où l'on peut directement s'adresser au pays.

C'est entre les deux guerres que s'est développé le mythe de la Tour, elle est devenue inséparable du symbolisme de Paris

Dans les films américains des années cinquante, on signifie que l'action se situe à Paris en montrant la

A ntenne de radio à valeur stratégique, la Tour devient un symbole de communication entre les hommes. La nouvelle génération des artistes et des poètes se l'approprient, et en font un emblème de Paris. Dès les années vingt, elle est inséparable du paysage parisien.

Tour sur fond d'accordéon musette. Nul ne s'y trompe. Cette assimilation s'est surtout développée dans les années vingt, au moment où Paris s'affirme comme la capitale mondiale de l'art contemporain. En 1889, la Tour était une attraction parmi d'autres, une œuvre d'avant-garde pour le goût de l'époque, encore pétri de conventions dans ses salons lourdement décorés.

En 1925, au contraire, l'architecture de la Tour, technicienne et surréaliste à la fois, s'harmonise parfaitement avec l'air du temps. En 1937, le dégagement de la perspective du Trocadéro, la construction du nouveau palais de Chaillot et l'élargissement du pont d'Iéna l'installent dans une perspective grandiose. Paris a définitivement trouvé son emblème.

S
A
LUT
M
ON
DE
dont
je suis
LA LAN
GUE É
LOQUEN
TE QUE TA
BOUCHE
O PARIS
TIRE ET TIRERA
TOU   JOURS
AUX   A L
LEM   ANDS

L e calligramme nationaliste d'Apollinaire, 1918.

La Tour et les peintres

Dès 1889, les peintres qui se sont penchés sur la Tour ont contribué à l'assimiler à l'image de Paris. Le peintre Roux la représente à la *Fête de nuit à l'Exposition universelle de 1889* (page précédente) et Jean Béraud en arrière-plan de son *Entrée de l'Exposition de 1889.* (en haut, à gauche). Par une impressionnante contre-plongée, André Granet souligne dans cette gouache préparatoire (en bas, à gauche) réalisée pour l'illumination de l'Exposition universelle de 1937, les lignes de force de la structure. Robert Delaunay (ci-contre) est certainement celui qui a le plus intensément regardé la Tour «Pour l'avoir aimée et pour le plaisir qu'elle m'a donné, je ne me trouve pas de mérite de lui avoir donné depuis 1910 de multiples formes de mon amour » écrit-il dans *La Revue mondiale*, en mai 1929.

Dénigrée par les artistes officiels en 1889, elle est pour la génération des modernes inséparable de l'image de Paris et symbole de l'avant-garde artistique. Beaucoup de peintres l'ont représentée : du Douanier Rousseau à Chagall, en passant par Signac, Bonnard, Utrillo, Gromaire, Vuillard, Marquet, Dufy... Robert Delaunay la représente éclatée sous de multiples facettes, cubiste, dans une série de toiles peintes à partir de 1910. A partir de 1925, il reprend ce thème qui lui est cher, mais avec une image beaucoup plus calme, plus unitaire de la Tour : son existence est désormais incontestable.

Les poètes l'intègrent eux aussi à une vision neuve et universaliste de la ville et du monde. Blaise Cendrars chante la «Tour, Tour du monde, Tour en mouvement»; Guillaume Apollinaire en fait une bergère qui veille sur le troupeau des ponts; Vincente Huidobro y voit une «guitare du ciel». Louis Aragon, Léon-Paul Fargue, les surréalistes s'en inspirent. Man Ray en fait des photomontages. Des œuvres théâtrales, aujourd'hui bien oubliées, *les Mariés de la tour Eiffel* de Jean Cocteau, *La Tour Eiffel qui tue* de Gabriel Hanoteau, des chansons, dont la plus connue est *Paris tour Eiffel* de Michel Emer, et beaucoup de films, depuis *Paris qui dort* de René Clair en 1923, évoquent le célèbre monument.

L'éclairage de l'Exposition de 1937 (à gauche) remplace la publicité lumineuse installée par Citroën pour l'Exposition des Arts Déco de 1925 (à droite).

En 1937, deux impérialismes s'affrontent au pied de la Tour. Trois ans plus tard, le vainqueur momentané l'annexe pour sa propagande et proclame : «L'Allemagne gagne sur tous les fronts.»

•• Tu l'reverras Paname, Paname, Paname,/ La tour Eiffel, la place Blanche,/ Notre-Dame, Les Grands Boulevards/ Et les p'tites madames/ Paname, Paname, Paname. ••

Chanson populaire

Symbole de la Ville lumière, la Tour trouve dans la féerie lumineuse sa vocation artistique la plus originale

C'est un support idéal pour d'innombrables feux d'artifice. Depuis le premier, tiré en 1888 du deuxième étage, avant même son achèvement, les Parisiens s'y retrouvent encore chaque année le 14 Juillet. Les expositions ont été l'occasion de nouvelles décorations nocturnes, chaque fois plus perfectionnées. Les projecteurs et les guirlandes multicolores donnent curieusement à la Tour, intemporelle le jour, un style d'époque la nuit. Elle ne suit la mode qu'en robe du soir.

En 1925, ce sont les arabesques Arts Déco de la publicité démesurée imaginée par André Citroën; en 1937, les fontaines lumineuses s'harmonisant avec celles des jardins du Trocadéro et l'éclairage conçu par André Granet soulignent la structure de façon vivante et colorée.

Représentation de Paris, la Tour devient le monument dont l'occupation en cas de conflit signifie la victoire. En 1940, la Wehrmacht en prend possession et en réserve la

DEUTSCHLAND SIEGT AUF ALLEN FRONTEN

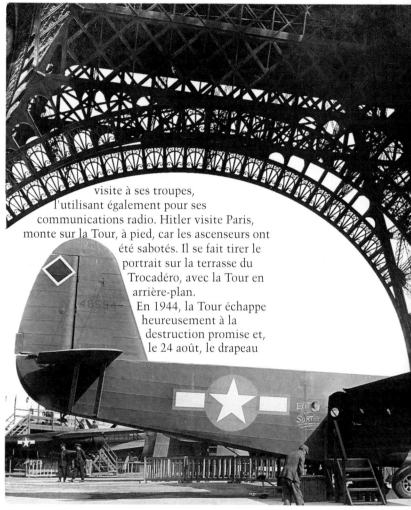

visite à ses troupes,
l'utilisant également pour ses
communications radio. Hitler visite Paris,
monte sur la Tour, à pied, car les ascenseurs ont
été sabotés. Il se fait tirer le
portrait sur la terrasse du
Trocadéro, avec la Tour en
arrière-plan.
En 1944, la Tour échappe
heureusement à la
destruction promise et,
le 24 août, le drapeau

français y flotte de nouveau. Un employé de la Tour
remet les ascenseurs en marche armé d'un simple
tournevis. L'armée américaine s'installe à son tour
sur le monument pendant plus d'un an. La visite
gratuite est réservée aux militaires alliés en
uniforme.

La Tour a connu des jours de gloire et des jours sombres, a vu défiler tout un peuple d'illuminés, de désespérés et de fantaisistes

L'aviation, on l'a vu, n'est pas étrangère à la pérennité de la Tour. Quelques casse-cou ont voulu, parfois à leurs dépens, l'utiliser comme terrain d'évolution. Santos-Dumont, pionnier de l'aviation, faillit ouvrir la liste nécrologique au cours

Juillet 1945, les Parisiens peuvent enfin voir de près les redoutables machines qui sillonnaient leur ciel par milliers depuis trois ans. L'exposition organisée par l'armée de l'air américaine connaît un immense succès. Le premier étage est réservé aux ébats récréatifs des G.I.

d'un voyage aller-retour en ballon dirigeable le 13 juillet 1901 entre Saint-Cloud et la tour Eiffel. Il s'en fallut de peu que le fragile aéronef, drossé par le vent, ne s'écrasât sur la structure métallique. Le survol en aéroplane par le comte Lambert, le 18 octobre 1909, trois mois après la traversée

Les planeurs utilisés pour le débarquement de 1944 (à gauche) et des «forteresses volantes» (ci-dessus).

Santos-Dumont (à gauche) manque en 1901 de s'écraser sur la Tour alors qu'il la contourne avec son dirigeable. Point de mire mais aussi plate-forme élevée, la Tour tente les intrépides : triste histoire que celle du malheureux Reichelt, inventeur d'un soi-disant parachute. Devant la presse et les photographes, il s'élance dans le vide le 12 février 1912. Selon le rapport d'autopsie, il est mort de frayeur avant même de toucher le sol.

héroïque de la Manche par Blériot, se passa heureusement sans encombre. Franchir les arches sous le premier étage en avion léger est théoriquement à la portée de tout bon pilote, mais la préfecture de police ne voit pas cela d'un très bon œil. Quelques intrépides l'ont tenté et réussi. Lorsque le jeune Léon Collet s'y risqua en 1926, les antennes de radio, tendues entre le sommet et le sol, existaient encore. Il en accrocha une en sortant vers le Champ-de-Mars et s'écrasa au sol.

En 1928, Marcel Gayet, voulant expérimenter un parachute d'un nouveau modèle insuffisamment au point, se tue en sautant du premier étage. Nul doute

qu'aujourd'hui, s'ils en avaient l'autorisation, le vide central qu'entoure le premier étage serait le lieu favori des sauteurs à l'élastique.

Si *La tour Eiffel qui tue* est une pièce de théâtre, c'est aussi, malheureusement, une réalité. Alors qu'on avait dû déplorer un unique accident mortel pendant la construction, 350 personnes environ, le chiffre exact n'est pas connu, y ont péri par suicide en un siècle. Il est étonnant à ce propos de constater combien le lieu semble attirer les désespérés, au point qu'il fallut mettre en place dans les années soixante un dispositif sérieux de protection qui empêche de se jeter dans le vide. Celà à la suite de l'aventure extraordinaire arrivée à la jeune Christiane le 6 novembre 1964. Tombant du premier étage, elle avait miraculeusement atterri sur le toit d'une voiture en stationnement et survécu au choc amorti par la tôle.

La Tour passe aux mains de la Ville de Paris

La concession accordée par la Ville devait expirer le 31 décembre 1979. Dans l'incertitude où elle se trouvait

du renouvellement, la Société de la tour Eiffel n'avait réalisé que les travaux d'entretien strictement indispensables. Plus grave, de nombreux ajouts avaient été effectués au petit bonheur, augmentant le poids de plus de 1000 tonnes. Les ascenseurs avaient fonctionné sans défaillance et sans un seul accident depuis quatre-vingt-dix ans mais ne correspondaient plus aux normes actuelles. De nombreux équipements de sécurité étaient à revoir.

La Ville de Paris, décidée à reprendre directement la concession et l'exploitation de la Tour fit d'abord procéder à un audit technique complet de l'édifice. Une inspection par endoscope montra que l'intérieur des arbalétriers, inaccessible aux peintres mais non aux pigeons, était profondément attaqué par la corrosion. Les grandes poutres horizontales au niveau du premier étage étaient en très mauvais état, certaines déformées. Les ascenseurs principaux devaient être modernisés. Tout l'équipement d'accueil touristique devait être démoli pour faire place à des installations dignes de recevoir les cinq millions de visiteurs attendus à la fin du siècle. L'ensemble des travaux représentait un budget de 220 millions de francs, et devait s'étaler sur quatre ans.

Tous les sept ans en moyenne, une quarantaine de peintres funambules étendent quarante tonnes de peinture sur la Tour. La couleur a évolué du jaune orangé au marron glacé.

Entre 1982 et 1985, la Tour a subi une importante restauration : cure de jouvence et d'amaigrissement

Un allégement de 1348 tonnes lui a fait perdre son excédent de poids. De nombreuses pièces de la charpente, souvent très importantes, ont été changées sans incident. Les ascenseurs sont devenus plus rapides et plus confortables. Celui qui conduit au troisième étage s'élève d'un seul jet à l'air libre sur 160 mètres. L'escalier en colimaçon menant au

troisième étage a été démonté et vendu aux enchères par morceaux. Un tronçon est conservé à titre de témoin sur la plate-forme du premier étage. On l'a remplacé par un escalier à double volée accessible au public en cas de nécessité. Les installations d'accueil ont également été reconstruites : au premier étage, un restaurant, un cinéma et une salle polyvalente pour recevoir séminaires et congrès ; au second, le restaurant de luxe le Jules Verne est l'un des plus réputés de la capitale pour son cadre et sa cuisine.

C'est de nuit que cette nouvelle jeunesse brille avec le plus d'éclat. L'éclairage subtil et splendide apparu le 31 décembre 1985 a remplacé le simple éclairage par projecteurs installé en 1958. Sous la chaude lumière orangée de trois cents projecteurs au sodium, qui surgit de l'intérieur même du monument, la dentelle de fer est révélée dans toute sa rigueur et sa beauté, comme jamais autrefois, dans une perfection un peu statique.

A coup sûr, le mouvement reprendra ses droits, peut-être au XXIe siècle.

⁶⁶ Vus de cette hauteur, les plus hautes maisons et les hommes m'ont paru tout petits. Cette tour de trois cents mètres, construite légère et solide d'aspect, ne saurait être atteinte par mille années des ravages du temps; elle est réellement le plus grand et le plus curieux monument du monde.⁹⁹

Li Hong Chang,
Ambassadeur
extraordinaire
de Chine,
Livre d'or de la Tour,
17 juillet1896

TÉMOIGNAGES
ET DOCUMENTS

Des journalistes, des poètes et des romanciers,
un architecte et un sociologue :
les inspirés de la Tour.

Les controverses : faut-il la construire ? Faut-il la détruire ? Que faut-il en faire ?

Comme tout nouveau monument, et plus particulièrement comme tout monument innovateur, la tour Eiffel fut condamnée, éreintée, moquée, au tout début, mais aussi, parfois, défendue, avant d'être le symbole de Paris.

L'indignation : « La protestation des artistes »

M. Alphand, directeur général des travaux de l'Exposition de 1889, reçut, en février 1887, une lettre ouverte et indignée, signée par les grands noms de l'époque. Charles Gounod pour la musique, Charles Garnier, l'architecte de l'Opéra, et des poètes, des romanciers, des auteurs redoutables : Maupassant, Dumas, Coppée, Leconte de Lisle, Sardou et Sully Prudhomme, entre autres personnalités. Il fallait empêcher qu'on mutile le paysage parisien...

Nous venons, écrivains, peintres, sculpteurs, architectes, amateurs passionnés de la beauté jusqu'ici intacte de Paris, protester de toutes nos forces, de toute notre indignation, au nom du goût français méconnu, au nom de l'art et de l'histoire française menacés, contre l'érection, en plein cœur de notre capitale, de l'inutile et monstrueuse tour Eiffel que la malignité publique, souvent empreinte de bon sens et d'esprit de justice, a déjà baptisée du nom de Tour de Babel.

Sans tomber dans l'exaltation du chauvinisme, nous avons le droit de proclamer bien haut que Paris est la ville sans rivale dans le monde. Au-dessus de ses rues, de ses boulevards élargis, le long de ses quais admirables, au milieu de ses magnifiques promenades, surgissent les plus nobles monuments que le genre humain ait enfantés.

L'âme de la France, créatrice de chefs-d'œuvre, resplendit parmi cette floraison auguste de pierres. L'Italie, l'Allemagne, les Flandres, si fières, à juste titre, de leurs héritages artistiques, ne possèdent rien qui soit comparable aux nôtres et, de tous les coins de l'univers, Paris s'attire la curiosité et l'admiration.

S ardou, auteur dramatique, signataire de la «protestation des artistes».

Allons-nous donc laisser profaner tout cela ?

La ville de Paris va-t-elle donc s'associer plus longtemps aux baroques, aux mercantiles imaginations d'un constructeur de machines, pour s'enlaidir irréparablement et se déshonorer ?

Car la tour Eiffel, dont la commerciale Amérique ne voudrait pas, c'est, n'en doutez pas, le déshonneur de Paris ! Chacun le sait, chacun le dit, chacun s'en afflige profondément, et nous ne sommes qu'un faible écho de l'opinion universelle et légitimement alarmée.

Enfin, lorsque les étrangers viendront visiter notre Exposition, ils s'écrieront étonnés : « Quoi ! C'est cette horreur que les Français ont trouvée pour nous donner une idée de leur goût si vanté ? » Ils auraient raison de se moquer de nous, parce que le Paris des gothiques sublimes, le Paris de Jean Goujon, de Germain Pilon, de Puget, de Rude, de Barye, etc. sera devenu le Paris de M. Eiffel.

Il suffit d'ailleurs, pour se rendre compte de ce que nous avançons, de se figurer une tour vertigineusement ridicule, dominant Paris, ainsi qu'une noire et gigantesque cheminée d'usine, écrasant de sa masse barbare : Notre-Dame, la Sainte-Chapelle, la tour Saint-Jacques, le Louvre, le dôme des Invalides, l'Arc de triomphe, tous nos monuments humiliés, toutes nos architectures rapetissées, qui disparaîtront dans ce rêve stupéfiant. Et pendant vingt ans, nous verrons s'allonger sur la ville entière, frémissante encore du génie de tant de siècles, comme une tache d'encre, l'ombre odieuse de l'odieuse colonne de tôle boulonnée.

C'est à vous qui aimez tant Paris, qui l'avez tant embelli, qui l'avez tant de fois protégé contre les dévastations administratives et le vandalisme des entreprises industrielles, qu'appartient l'honneur de le défendre une fois de plus.

Nous nous remettons à vous du soin de plaider la cause de Paris, sachant que vous y dépenserez toute l'énergie, toute l'éloquence que doit inspirer à un artiste tel que vous l'amour de ce qui est beau, de ce qui est grand, de ce qui est juste... Et si notre cri d'alarme n'est pas entendu, si nos raisons ne sont pas écoutées, si Paris s'obstine dans l'idée de déshonorer Paris, nous aurons du moins, vous et nous, fait entendre une protestation qui honore.

« La Protestation des artistes », lettre publiée dans *Le Temps* du 14 février 1887

La réponse de Gustave Eiffel

Quels sont les motifs que donnent les artistes pour protester contre l'érection de la tour ? Qu'elle est inutile et monstrueuse ! Nous parlerons de l'inutilité tout à l'heure. Ne nous occupons pour le moment que du mérite esthétique sur lequel les artistes sont plus particulièrement compétents.

Je voudrais bien savoir sur quoi ils fondent leur jugement. Car, remarquez-le, monsieur, cette tour, personne ne l'a vue et personne, avant qu'elle ne soit construite, ne pourrait dire ce qu'elle sera. On ne la connaît jusqu'à présent que par un simple dessin géométral ; mais, quoiqu'il ait été tiré à des centaines de mille d'exemplaires, est-il permis d'apprécier avec compétence l'effet général artistique d'un monument d'après un simple dessin, quand ce monument sort tellement des dimensions déjà pratiquées et des formes déjà connues ?

Et, si la tour, quand elle sera construite, était regardée comme une chose belle et intéressante, les artistes ne regretteraient-ils pas d'être partis si vite et si légèrement en campagne ? Qu'ils attendent donc de l'avoir vue pour s'en faire une juste idée et pouvoir la juger.

Je vous dirai toute ma pensée et toutes mes espérances. Je crois, pour ma part, que la tour aura sa beauté propre. Parce que nous sommes des ingénieurs, croit-on donc que sa beauté ne nous préoccupe pas dans nos constructions et qu'en même temps que nous faisons solide et durable nous ne nous efforçons pas de faire élégant ? Est-ce que les véritables conditions de la force ne sont pas toujours conformes aux conditions secrètes de l'harmonie ? Le premier principe de l'esthétique architecturale est que les lignes essentielles d'un monument soient déterminées par la parfaite appropriation à sa destination. Or, de quelle condition ai-je eu, avant tout, à tenir compte dans la tour ? De la résistance au vent. Eh bien ! je prétends que les courbes des quatre arêtes du monument telles que le calcul les a fournies, qui, partant d'un énorme et inusité empattement à la base, vont en s'effilant jusqu'au sommet, donneront une grande impression de force et de beauté ; car elles traduiront aux yeux la hardiesse de la conception dans son ensemble, de même que les nombreux vides ménagés dans les éléments mêmes de la construction accuseront fortement le constant souci de ne pas livrer inutilement aux violences des ouragans des surfaces dangereuses pour la stabilité de l'édifice.

La tour sera le plus haut édifice qu'aient jamais élevé les hommes. Ne sera-t-elle donc pas grandiose aussi à sa façon ? Et pourquoi ce qui est admirable en Égypte deviendrait-il hideux et ridicule à Paris ? Je cherche et j'avoue que je ne trouve pas.

La protestation dit que la tour va écraser de sa grosse masse barbare Notre-Dame, la Sainte-Chapelle, la tour Saint-Jacques, le Louvre, le dôme des Invalides, l'Arc de triomphe, tous nos monuments. Que de choses à la fois ! Cela fait sourire, vraiment. Quand on veut admirer Notre-Dame, on va la voir du parvis. En quoi du Champ-de-Mars la tour gênera-t-elle le curieux placé sur le parvis de Notre-Dame, qui ne la verra pas ? C'est d'ailleurs une des idées les plus fausses, quoique des plus répandues, même parmi les artistes, que celle qui consiste à croire qu'un édifice élevé écrase les constructions environnantes. Regardez si l'Opéra ne paraît pas plus écrasé par les maisons du voisinage qu'il ne les écrase lui-même. Allez au rond-point

de l'Étoile, et, parce que l'Arc de triomphe est grand, les maisons de la place ne vous en paraîtront pas plus petites. Au contraire, les maisons ont bien l'air d'avoir la hauteur qu'elles ont réellement, c'est-à-dire à peu près quinze mètres, et il faut un effort de l'esprit pour se persuader que l'Arc de triomphe en mesure quarante-cinq,

c'est-à-dire trois fois plus.

Reste la question d'utilité. Ici, puisque nous quittons le domaine artistique, il me sera bien permis d'opposer à l'opinion des artistes celle du public.

Je ne crois point faire preuve de vanité en disant que jamais projet n'a été plus populaire ; j'ai tous les jours la preuve qu'il n'y a pas dans Paris de gens, si humbles qu'ils soient, qui ne le connaissent et ne s'y intéressent. A l'étranger même, quand il m'arrive de voyager, je suis étonné du retentissement qu'il a eu.

Quant aux savants, les vrais juges de la question d'utilité, je puis dire qu'ils sont unanimes.

Non seulement la tour promet d'intéressantes observations pour l'astronomie, la météorologie et la physique, non seulement elle permettra en temps de guerre de tenir Paris constamment relié au reste de la France, mais elle sera en même temps la preuve éclatante des progrès réalisés en ce siècle par l'art des ingénieurs.

C'est seulement à notre époque, en ces dernières années, que l'on pouvait dresser des calculs assez sûrs et travailler le fer avec assez de précision pour songer à une aussi gigantesque entreprise.

N'est-ce rien pour la gloire de Paris que ce résumé de la science contemporaine soit érigé dans ses murs ? La protestation gratifie la tour d'*odieuse colonne de tôle boulonnée*. Je n'ai point vu ce ton de dédain sans une certaine impression irritante. Il y a parmi les signataires des hommes qui ont toute mon admiration ; mais il y en a beaucoup d'autres qui ne sont connus que par des productions de l'art le plus inférieur ou par celles d'une littérature qui ne profite pas beaucoup au bon renom de notre pays.

M. de Vogüe, dans un récent article [...], après avoir constaté que dans n'importe quelle ville d'Europe où il passait il entendait répéter les plus ineptes chansons alors à la mode dans nos cafés-concerts, se demandait si nous étions en train de devenir les Græculi du monde contemporain. Il me semble que n'eût-elle pas d'autre raison d'être que de montrer que nous ne sommes pas simplement le pays des amuseurs, mais aussi celui des ingénieurs et des constructeurs qu'on appelle de toutes les régions du monde pour édifier les ponts, les viaducs, les gares et les grands monuments de l'industrie moderne, la tour Eiffel mériterait d'être traitée avec considération.

Le Temps, 14 février 1887

François Coppée et Raoul Bonnery croisent le fer

J'ai visité la Tour énorme,
Le mât de fer aux durs agrès,
Inachevé, confus, difforme,
Le monstre est hideux, vu de près.

Géante, sans beauté ni style,
C'est bien l'idole de métal,
Symbole de force inutile
Et triomphe du fait brutal.

J'ai touché l'absurde prodige,
Constaté le miracle vain,
J'ai gravi, domptant le vertige,
La vis des escaliers sans fin.

Saisissant la rampe à poignée,
Étourdi, soûlé de grand air,
J'ai grimpé, tel qu'une araignée,
Dans l'immense toile de fer ;

Et, comme enfin l'oiseau se juche,
J'ai fait sonner sous mes talons
Les hauts planchers où l'on trébuche
En heurtant du pied les boulons.

Là, j'ai pu voir, couvrant des lieues,
Paris, ses tours, son dôme d'or,
Le cirque des collines bleues,
Et du lointain... encor, encor !

Mais, au fond du gouffre, la Ville
Ne m'émut ni ne me charma.

C'est le plan-relief immobile,
C'est le morne panorama.

[...]

Œuvre monstrueuse et manquée,
Laid colosse couleur de nuit,
Tour de fer, rêve de Yankee,
Ton obsession me poursuit.

Pensif sur ta charpente altière,
J'ai cru, dans mes pressentiments,
Entendre, à l'Est, vers la frontière,
Rouler les canons allemands.

Car, le jour où la France en armes
Jouera le fatal coup de dés,
Nous regretterons avec larmes
Le fer et l'or dilapidés.

Et maudirons l'effort d'Hercule,
Fait à si grand'peine, à tel prix,
Pour planter ce mât ridicule
Sur le navire de Paris.

« A-dieu-vat. » vaisseau symbolique,
Par la sombre houle battu !
Le ciel est noir, la mer tragique.
Vers quels écueils nous mènes-tu ?

François Coppée,
« Sur la tour Eiffel, deuxième plateau »,
Poésies, 22 juillet 1888

Audacieuse et volontaire,
J'avais juré l'écrasement
Des hauts monuments de la terre.
C'est fait. J'ai tenu mon serment.

J'étais à moitié de ma taille
Quand un jour, raillant mon destin,
Tu t'en vins me livrer bataille,
Pour arme une plume à la main.

Etait-ce en si piètre équipage
Que tu comptais vaincre, vraiment !
David, ton émule en courage,
Brava Goliath plus sûrement.

Tu mis la fleur de ta science
A m'appeler « Monstre hideux » ;
Un peu plus de reconnaissance
T'eût convenu peut-être mieux.

Si, comme avec tant de faconde,
Tu l'as dit dans *Le Figaro*,
Je dois, des quatre coins du Monde,
Entendre me crier : Haro !

Je suis le brutal colosse
Que tu dépeins à l'Univers,
Crois-tu que pareil au molosse,
Tu m'eusses mordu... de tes vers !

[...]

Du fer je suis l'apothéose ?
Je lui bâtis un piédestal ?
Pourquoi pas ! le fer, je suppose,
N'est point si vulgaire métal.

Il fournit le soc et l'épée :
Richesse et force d'un pays,
Et dans toute belle épopée,
Le fer aura toujours le prix.

Quel sang dans tes veines circule
Pour t'écrier, avec mépris,
Que je suis un mât ridicule
Sur le navire de Paris.

Un mât ? J'accepte l'épithète,
Mais un mât fier, audacieux,
Qui saura, portant haut la tête,
Parler de progrès jusqu'aux cieux.

Un mât qui sur la ville immense,
La nuit projettera des feux,
Un mât où l'étendard de France,
Le jour, flottera radieux !

Hampe de drapeau, sentinelle,
Phare : voilà ma mission !
– Poète, en ton âme immortelle
Rentre ton indignation.

Raoul Bonnery,
« La tour Eiffel à François Coppée,
le jour de ses 300 mètres »,
Le Franc Journal, mai 1889

Le discours sur le monstre : Sully Prudhomme

Lors d'un banquet offert à M. Eiffel pour sa réalistion, un auteur à succès s'indigne encore un peu, au nom de sa conception de l'art.

J'ai signé une protestation d'artistes et d'écrivains contre le gigantesque édifice [...]. Je n'avais, heureusement, jugé et condamné que par défaut, et devant l'œuvre accomplie et victorieuse, je me sens aujourd'hui plus à l'aise que d'autres pour en appeler de ma propre sentence. L'idée que je me fais de mon art me rend sans doute la conversion plus facile qu'à mes confrères, plus facile surtout qu'aux artistes dont les œuvres s'adressent aux yeux. La poésie, en effet, me semble être, comme la musique, un art où la forme, empruntant le moins possible à la matière, n'est plus, pour ainsi dire, que le frisson même de l'âme. Aussi le poète, à mon avis, peut-il regretter que la tour Eiffel ne caresse pas les yeux sans perdre pour cela le droit ni faillir au devoir d'y saluer une audace magnifique dont la majesté suffit amplement à la satisfaire. Ce colosse rigide et froid peut dès lors lui apparaître comme un témoin de fer dressé par l'homme vers l'azur pour attester son immuable résolution d'y atteindre et de s'y établir.

Voilà le point de vue qui a réconcilié mon regard avec ce monstre, conquérant du ciel. Et quand même, en face de sa grandeur impérieuse, je ne me sentirais pas converti, assurément je me sentirais consolé par la joie fière, qui nous est commune à tous, d'y voir le drapeau français flotter plus haut que tous les autres drapeaux du monde, sinon comme un insigne belliqueux, du moins comme un emblème des aspirations invincibles de la patrie.

Sully Prudhomme,
Discours prononcé au 13e banquet
de la conférence « Scientia »
offert à M. Eiffel le 13 avril 1889.
La Revue scientifique, 20 avril 1889

La réaction de Maupassant

J'ai quitté Paris et même la France, parce que la tour Eiffel finissait par m'ennuyer trop.

Non seulement on la voyait de partout, mais on la trouvait partout, faite de toutes les matières connues, exposée à toutes les vitres, cauchemar inévitable et torturant.

Ce n'est pas elle uniquement d'ailleurs qui m'a donné une irrésistible envie de vivre seul pendant quelque temps, mais tout ce qu'on a fait autour d'elle, dedans, dessus, aux environs.

Comment tous les journaux vraiment ont-ils osé nous parler d'architecture nouvelle à propos de cette carcasse métallique, car l'architecture, le plus incompris et le plus oublié des arts d'aujourd'hui, en est peut-être aussi le plus esthétique, le plus mystérieux et le plus nourri d'idées ?

Il a eu ce privilège à travers les siècles de symboliser pour ainsi dire chaque époque, de résumer, par un très petit nombre de monuments typiques, la manière de penser, de sentir et de rêver d'une race et d'une civilisation.

Quelques temples et quelques églises, quelques palais et quelques châteaux contiennent à peu près toute l'histoire de l'art à travers le monde, expriment à nos yeux mieux que des livres, par l'harmonie des lignes et le charme de l'ornementation, toute la grâce et la grandeur d'une époque.

En 1889, plusieurs restaurants se sont ouverts au premier étage de la Tour. Ci-dessus, le restaurant russe.

Mais je me demande ce qu'on conclura de notre génération si quelque prochaine émeute ne déboulonne pas cette haute et maigre pyramide d'échelles de fer, squelette disgracieux et géant, dont la base semble faite pour porter un formidable monument de Cyclopes et qui avorte en un ridicule et mince profil de cheminée d'usine.

Guy de Maupassant,
la Vie errante, 1890

Les Goncourt ont vu un grand vaisseau, et l'ont fixé dans leur « Journal »

Lundi 6 mai 1889

Retour à pied à Auteuil à travers la foule.

Un ciel mauve, où les lueurs des illuminations montent, comme le reflet d'un immense incendie, – le bruissement de pas faisant l'effet de l'écoulement de grandes eaux ; – une foule toute noire, de ce noir un peu papier brûlé, un peu roux, qui est le caractère des foules modernes, – une espèce d'ivresse sur la figure des femmes, dont beaucoup font queue à la porte des water-closets, la vessie émotionnée ; – la place de la Concorde, une apothéose de lumière blanche, au milieu de laquelle l'obélisque apparaît avec la couleur rosée d'un sorbet au champagne, – la tour Eiffel faisant l'effet d'un phare, laissé sur la terre par une génération disparue, – une génération de dix coudées.

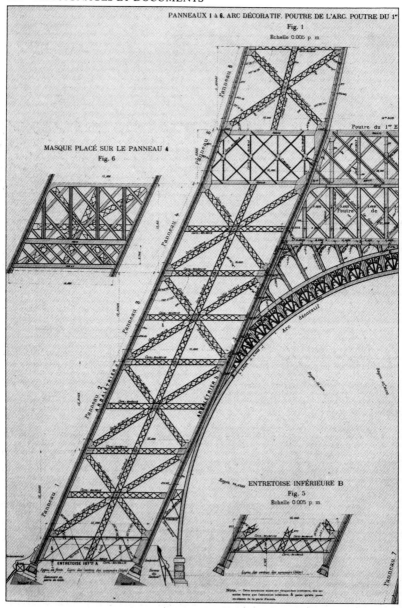

PANNEAUX 1 à 6. ARC DÉCORATIF. POUTRE DE L'ARC. POUTRE DU 1er

Fig. 1

Échelle 0.005 p. m.

MASQUE PLACÉ SUR LE PANNEAU 4

Fig. 6

ENTRETOISE INFÉRIEURE B

Fig. 5

Échelle 0.005 p. m.

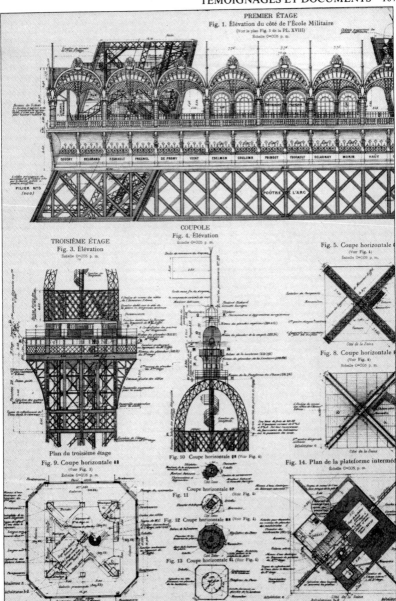

PREMIER ÉTAGE
Fig. 1. Élévation du côté de l'École Militaire
(Voir le plan Fig. 3 de la PL. XVIII)
Échelle 0ᵐ005 p. m.

COUPOLE
Fig. 4. Élévation
Échelle 0ᵐ005 p. m.

TROISIÈME ÉTAGE
Fig. 3. Élévation
Échelle 0ᵐ005 p. m.

Fig. 5. Coupe horizontale
(Voir Fig. 4)
Échelle 0ᵐ005 p. m.

Fig. 8. Coupe horizontale
(Voir Fig. 4)
Échelle 0ᵐ005 p. m.

Plan du troisième étage
Fig. 9. Coupe horizontale AB
(Voir Fig. 3)
Échelle 0ᵐ005 p. m.

Fig. 10 Coupe horizontale CD (Voir Fig. 4)

Fig. 14. Plan de la plateforme intermédiaire
Échelle 0ᵐ005 p. m.

Coupe horizontale EF
Fig. 11
(Voir Fig. 4)

Fig. 12 Coupe horizontale MN (Voir Fig. 4)

Fig. 13 Coupe horizontale KL (Voir Fig. 4)

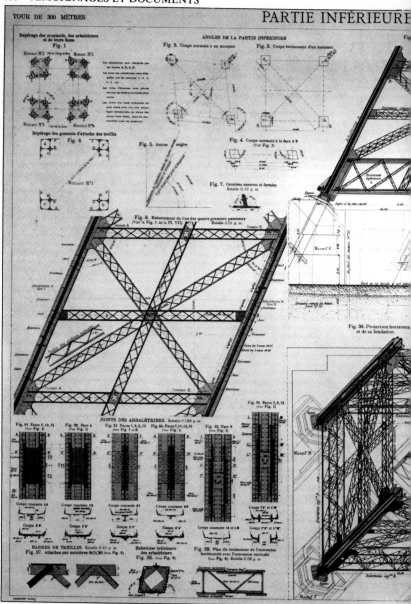

TOUR DE 300 MÈTRES

PARTIE INFÉRIEURE

Fig. 30. Projection horizontale et de sa fondation.

MBLES ET DÉTAILS.

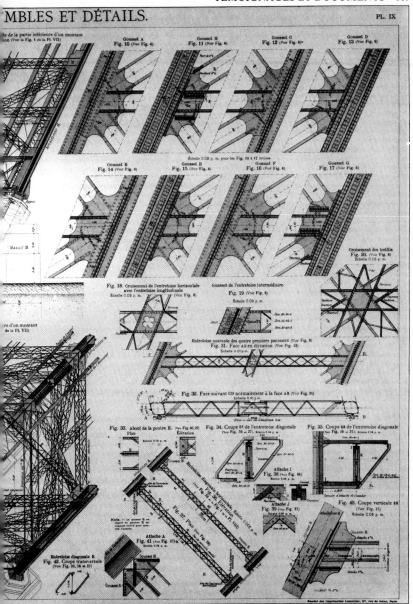

le de la partie inférieure d'un montant
(Voir la Fig. 1 de la Pl. VII)

Gousset A
Fig. 10 (Voir Fig. 6)

Gousset H
Fig. 11 (Voir Fig. 6)

Gousset C
Fig. 12 (Voir Fig. 6)

Gousset D
Fig. 13 (Voir Fig. 6)

Échelle 0.02 p. m. pour les Fig. 10 à 17 inclus

Gousset E
Fig. 14 (Voir Fig. 6)

Gousset B
Fig. 15 (Voir Fig. 6)

Gousset F
Fig. 16 (Voir Fig. 6)

Gousset G
Fig. 17 (Voir Fig. 6)

Croisement des treillis
Fig. 20. (Voir Fig. 8)
Échelle 0.03 p. m.

Fig. 18. Croisement de l'entretoise horizontale
avec l'entretoise longitudinale
Échelle 0.03 p. m. (Voir Fig. 8)

Gousset de l'entretoise intermédiaire
Fig. 19 (Voir Fig. 8)
Échelle 0.03 p. m.

Masif B

Entretoise courante des quatre premiers panneaux (Voir Fig. 8)
Fig. 31. Face AB en élévation (Voir Fig. 35)
Échelle 0.03 p. m.

re d'un montant
de la Pl. VII)

Fig. 32. Face suivant CD normalement à la face AB (Voir Fig. 34)
Échelle 0.01 p. m.

Fig. 33. About de la poutre K.
Plan
Échelle 0.03 p. m.

Élévation

Fig. 34. Coupe EF de l'entretoise diagonale
(Voir Fig. 36 et 37). Échelle 0.04 p. m.

Fig. 35. Coupe GH de l'entretoise diagonale
(Voir Fig. 36 et 37). Échelle 0.04 p. m.

Attache I
Fig. 38 (Voir Fig. 36)
Échelle 0.03 p. m.

Attache J
Fig. 39 (Voir Fig. 37)

Fig. 40. Coupe verticale GH
(Voir Fig. 37)
Échelle 0.03 p. m.

Note. — Le gousset G se
rapport du gousset H en
rapport est-placé pour montrer l'attache.

Attache A
Fig. 41 (Voir Fig. 37)
Échelle 0.03 p. m.

Entretoise diagonale E
Fig. 42. Coupe transversale
(Voir Fig. 30, 36 et 37)

Mardi 2 juillet 1889

Ce soir, dîner sur la plate-forme de la tour Eiffel, avec les Charpentier, les Hermant, les Zola, les Dayot.

La montée en ascenseur : la sensation d'un bâtiment qui prend la mer ; mais rien de vertigineux. Là-haut, la perception bien au-delà de sa pensée au ras de terre, de la grandeur, de l'étendue, de l'immensité babylonienne de Paris, et sous le soleil couchant, la ville ayant des coins de bâtisses de la couleur de Rome, et parmi les grandes lignes planes de l'horizon, le sursaut et l'échancrure pittoresque dans le ciel, de la colline de Montmartre prenant au crépuscule l'aspect d'une grande ruine qu'on aurait illuminée.

Un dîner un peu rêveur... puis l'impression toute particulière de la descente à pied, et qui a quelque chose d'une tête qu'on piquerait dans l'infini, l'impression de la descente sur ces échelons à jour dans la nuit, avec des semblants de plongeons, çà et là, dans l'espace illimité, et où il vous semble qu'on est une fourmi, descendant le long des cordages d'un vaisseau de ligne, dont les cordages seraient de fer.

Edmond et Jules de Goncourt, *Journal*, 6 mai et 2 juillet 1889

Dès l'ouverture de l'Exposition, on se presse, on se passionne...

Quand les barrières s'ouvrirent, quand la foule put toucher le monstre, le dévisager sous toutes ses faces, circuler entre ses piles et grimper dans ses flancs, les dernières résistances faiblirent chez les plus récalcitrants. Il se trouva qu'au lieu d'écraser l'Exposition, comme on l'avait prédit, la porte triomphale encadrait toutes les perspectives sans rien masquer. Le soir, surtout, et les premiers jours, avant que les guinguettes eussent empli de leur bruit le premier étage, cette masse sombre montait au-dessus des feux du Champ-de-Mars avec une majesté religieuse. Je la regardais souvent, alors ; pour la juger par comparaison, je me rappelais les impressions ressenties devant ses sœurs mortes, les constructions colossales des vieux âges qui dorment au désert, en Afrique, en Asie. Je dus m'avouer qu'elle ne leur cédait en rien pour la suggestion du rêve et de l'émotion. Ses aînées ont sur elle deux avantages : le temps, qui délivre seul les lettres de grande noblesse ; la solitude, qui concentre la pensée sur un objet unique. Donnez-lui ces tristes parures, elle rendrait l'homme aussi pensif. Elle a d'autres prestiges : ses trois couronnes de lumière suspendues dans l'espace, la dernière si haute, si invraisemblable, qu'on dirait une constellation nouvelle, immobile entre les astres qui cheminent dans les treillis du sommet. A défaut de

L es journalistes de la presse parisienne visitent le chantier de la Tour,
le 4 juillet 1888.

la longue tradition de respect, patine idéale aussi nécessaire aux monuments que la patine des soleils accumulés, la Tour a la séduction de ces milliers de pensées qui s'attachent à elle au même instant, le charme des femmes très regardées et très aimées. Il y a dans ces sept millions de kilos de fer une aimantation formidable, puisqu'elle va arracher à leurs foyers les gens des deux mondes ; puisque, dans tous les ports du globe, tous les paquebots mettent le cap sur l'affolante merveille.

Avant de remuer les exotiques, cette aimantation agit sur la population parisienne. Avec quelle unanimité ce peuple a adopté sa Tour ! Il faut entendre les propos vengeurs des couples ouvriers, arrêtés sous l'arche. Tout en écarquillant les yeux, ils s'indignent contre « les journalistes » qui dénigrèrent l'objet de leur culte. Un jour de l'autre semaine, je me trouvais dans la galerie de sculpture, devant le plâtre de M. Thiers. Un passant s'approcha, un homme d'âge, aux favoris grisonnants ; le visage et le costume indiquaient un cultivateur aisé, quelque gros fermier qui venait exposer ses fromages à l'alimentation ; en tout cas, ce visiteur était étranger à Paris, car il me demanda de lui nommer la tête si connue, surmontée du toupet légendaire. Je ne sais trop pourquoi, j'eus un bon mouvement pour le petit homme de plâtre : « C'est M. Thiers, le libérateur du territoire ; on va précisément lui ériger une statue, et si vous voulez souscrire votre pièce de 5 francs, il faut l'adresser à tel ou tel journal. » Mon interlocuteur resta de glace à cette ouverture ; il toisa l'historien national de son regard de paysan, défiant et lassé. « Ah !... fit-il. Mais, monsieur, est-ce qu'on ne va pas élever une statue à M. Eiffel ? Ce serait bien à faire, d'élever une statue à M. Eiffel... » J'ai rapporté le mot, parce qu'il m'a paru caractéristique d'un état d'esprit.

[...] A le prendre dans sa véritable destination, ce colosse immobile est un engin de mouvement, un trait d'union entre les montagnes naturelles, la botte de sept lieues du Petit-Poucet. Je lui accorderais encore une utilité qui fera sourire les utilitaires. Chaque jour, des centaines de milliers d'hommes passent sous les arches et se hissent à leur sommet ; ils trouvent là une impression grandiose, un élargissement de l'esprit, à tout le moins une sensation de plaisir et d'allégement. Chaque gramme du fer qui compose cette masse est déjà payé par une bonne minute pour un être humain. N'est-ce pas là une utilité qui en vaut bien d'autres ?

Eugène-Melchior de Vogüe,
« A travers l'Exposition »,
Revue des Deux-Mondes, juillet 1889

Le regard du peintre : Paul Gauguin

L'Exposition est le triomphe du fer, non seulement au point de vue des machines mais encore au point de vue de l'architecture. Et cependant l'architecture est au début en ce sens qu'il lui manque en art une décoration homogène avec sa matière. Pourquoi à côté de ce fer, rude, sévère, des matières molles, comme la terre à peine cuite ; pourquoi à côté de ces lignes géométriques d'un caractère nouveau, tout cet ancien stock d'ornements anciens modernisés par le naturalisme ? Aux ingénieurs-architectes appartient un art nouveau de décoration, tel que boulon d'ornement, coin de fer dépassant la grande ligne, en quelque sorte une dentelle gothique en fer. Nous retrouvons cela un peu dans la tour Eiffel.

in *Le Moderniste illustré*,
4-11 juillet 1889

Dans le théâtre du Douanier Rousseau, la visite de la Tour

La scène représente un coin de l'Exposition de 1889, le Champ-de-Mars y compris la tour Eiffel, etc.

MARIETTE, *apercevant la Tour*

Ah, Sainte Vierge Marie, qu' c'est donc beau qu' c'est donc beau et qué qu' c'est donc que c'te grande échelle-là, qu'est ben pus haute que le clocher de l'église de cheux nous. Ah, par exemple c'est ben drôle, mais comment donc qu' l'on fait pour y monter, les barreaux ne sont point ronds, et pis y sont tous de travers. Tiens, mais j' voyons du monde tout de même qui y monte et qui sont tous dans le haut et qui ma fé sont gros comme des pucerons ; par où donc qu' c'est qui sont rentrés. Ah, les inventeux d'une chose pareille ont eu une ben drôle d'idée pour c' que c'est biau : moi j'aurais voulu faire une chose ben plus belle que ça. Dites donc. M. Lebozeck, expliquez mé donc ça, qu' j' n'y comprenons pas ben ; comment qu' c'est qu' l'on peut monter jusqu'en haut ousque l'on voit un grand drapeau et de fait si vous vouliez l'on pourrait ben y aller voir aussi, comm' ça j' saurions ben c' qu'il y a de si curieux dans c'te grande échelle-là, j' sommes ben en train et voudrions nous instruire.

Mme LEBOZECK

Mon Benjamin, Mariette a raison c'te tour Eiffel est ben curieuse à visiter, nous pourrions ben faire comm' les autres y aller vouaire, et pis ça doit être ben drôle jusqu'en haut, on doit ben y avoir beaucoup d'air, mais dam' ça n' sera pas un air de mousique. Donc, si tu l' veux ben approchons-nous d' ce côté, nous allons ben voir comment qu'y faut faire pour grimper là-haut.

P arisiens et provinciaux endimanchés viennent à la Tour. En attendant l'ascenseur, on s'émerveille de la hauteur.

Allons-y, tu veux ben n'est-ce pas, tu n' refuseras pas ça à ta p'tite femme ?

LEBOZECK, *apercevant le gardien*

Dites donc, mon bon Monsieur, j'avons quequ'chose à vous d'mander. Pourriez-vous me dire comment qu' c'est qu'y faut s'y prendre pour monter jusqu'au haut de c'te grande échelle ?

LE GARDIEN, *un peu froissé*

Comment cette grande échelle dites-vous ? Sachez, Monsieur, que c'est la tour Eiffel, la plus haute du monde entier, car rappelez-vous qu'elle a trois cents mètres. D'où venez-vous, donc ; vous n'en avez donc jamais entendu parler ?

LEBOZECK

Vous appelez ça une tour ; il m'a toujours semblé qu'une tour était ronde et non faite comme une échelle remplie de barreaux. Mais c'est pas ça qu' j' vous demandons : nous voudrions ben y monter à c'te tour pisque c'est un' tour et jusqu'en haut, tout en haut, par où qu' faut aller ?

LE GARDIEN, *en lui désignant le côté pour entrer*

Tenez, vous n'avez qu'à vous diriger droit devant vous vers le bureau, vous verrez le prix que vous aurez à payer et vous y monterez soit par l'escalier soit par l'ascenseur – c'est le même prix.

Mme LEBOZECK

Eh ben, mon ami, allons-y, ça n' nous coûtera pas cent francs, n'aie point peur et surtout ne te contrairie pas pour garder tout le charme de cette promenade. Que veux-tu, c'est pas tous les jours qu'on vient à Paris et, dame, pisque nous venons pour vouaire toutes ces belles choses de l'Exposition,

il faut point trop y regarder, mon cher Benjamin. Allons, décidons-nous, le temps passe vite, profitions des instants.

LEBOZECK

Eh ben, femme, c'est ben, nous allons aller monter à c'te fameuse tour Eiffel, nous voilà au bureau tout d' suite et j' voyons d'ici qu' c'est cinq francs pour monter jusqu'en haut, qu'en penses-tu ? Nous y allons n'est-ce pas, c'est entendu et convenu.

Mme LEBOZECK

Entendu, accepté.

MARIETTE

Ah, que j'sis donc contente, j' vous remercions ben, mes bons patrons, j' vous en serons toujours gré.

Le Douanier ROUSSEAU,
*Une visite à l'Exposition de 1889
vaudeville en 3 actes et en 10 tableaux*

La tour Eiffel va-t-elle rester ? Alphonse Allais lui trouve un emploi

Alphonse Allais raconte une de ses multiples conversations avec son héros, le célèbre Captain Cap. Doit-on laisser en place la tour Eiffel pour la grande exposition de 1900 ? Et de quelle manière, là est la question...

La question de la suppression de la tour Eiffel fut un instant agitée en haut lieu. (Peut-être même, ce haut lieu n'était-il autre que la propre troisième plate-forme de ladite tour).

On discuta longtemps, paraît-il.

Finalement, sur la réflexion d'un judicieux esprit que, le conseil de la Légion d'honneur ayant laissé sa rosette à M. Eiffel, on pouvait bien conserver sa tour, on décida de ne point

PARIS. — La Tour Eiffel, le Gouffre   ND Phot

déboulonner encore le métallique édifice.

Apprenant cette résolution, mon ami le Captain Cap sourit dans ses longues moustaches, vida d'un trait le gobelet qui se trouvait à sa portée et dit :

— J'ai une idée !

— Le contraire m'eût étonné, Cap !

— Une idée pour rendre utile cette stupide tour qui fut, en 1889, une utile démonstration industrielle, mais qui est devenue si parfaitement oiseuse.

— Et puis, on l'a assez vue, la tour Eiffel !

— On l'a trop vue !... Conservons-la, soit, mais donnons-lui un autre aspect.

— Si on la renversait la tête en bas, les pieds en l'air ?

— C'est précisément à quoi j'ai pensé. Mais mon idée ne s'arrête pas là.

— Votre idée, Cap, ne saurait point s'arrêter ! Comme le temps, comme l'espace, elle ne connaît point de bornes !

— Merci, mon garçon !... Donc, nous renversons la tour Eiffel et nous la plantons la tête en bas, les pattes en l'air. Puis, nous l'enveloppons d'une couche de magnifique, décorative et parfaitement imperméable céramique.

— Bravo, Cap !... Et puis ?

— Et puis, quand j'ai obtenu un ensemble parfaitement étanche, j'établis des robinets dans le bas et je la remplis d'eau.

— D'eau, Captain ? Quelle horreur !

— Oui, d'eau... Bien entendu, avant cette opération, j'ai débarrassé la tour des constructions en bois, et en général de toutes les matières organiques qui corrompraient mon eau. Devinez-vous, maintenant ?

— Je devine ou je crois deviner que vous exposerez à l'admiration des foules un somptueux gobelet quadrangulaire de 300 mètres de haut.

— Un gobelet rempli de quoi ?

— Un gobelet rempli d'eau.

— D'eau... comment ?

— Je comprends !... D'eau ferrugineuse. Ah ! Cap, vous êtes génial !

— Oui, d'eau ferrugineuse et gratuite à la disposition de nos contemporains anémiés. Au bout de quelques années, toute cette masse de fer, dissoute peu à peu dans l'eau des pluies, aura passé dans l'organisme des Parisiens, leur communiquant vigueur et santé...

— Si, au lieu d'eau, nous mettions du gin, Cap, du bon vieux gin ?

Le Captain me répondit sévèrement :

— Le goût du gin ne va pas avec le goût du fer.

Alphonse Allais,
« Utilisation de la tour Eiffel en 1900 »,
in *Le Bec en l'air*, 1897

Les poètes changent de camp : la tour Eiffel sacralisée

Non seulement les auteurs s'habituent à la nouvelle tour de Babel, mais ils l'adoptent, la citent, s'en servent dans leurs textes, la vénèrent enfin...

La Tour passe les frontières

Vincente Huidobro, un poète chilien créationniste, rencontre Apollinaire, Reverdy, Max Jacob... et la tour Eiffel.

A Max Jacob

Tour Eiffel
Guitare du ciel
    Ta télégraphie sans fil
    Attire les mots
    Comme un rosier les abeilles
Pendant la nuit
La Seine ne coule plus
    Télescope ou clairon
    Tour Eiffel
Et c'est une ruche de mots
Ou un encrier de nuit

Au fond de l'aube
Une araignée aux pattes de fil de fer
Faisait sa toile avec des nuages
  Do
     ré
       mi
         fa
           sol
             si
               do

       Nous sommes en haut

Un oiseau chante   C'est le vent
Dans les antennes   De l'Europe
Télégraphiques   Le vent électrique

Les chapeaux s'envolent
Ils ont des ailes mais ne chantent pas

Jacqueline
    Fille de France
Qu'est-ce que tu vois là-haut ?

    La Seine dort
    Sous la bouche des ponts
    Je vois tourner la terre
    Et je sonne mon clairon

Vers toutes les mers

    Sur le chemin
      De ton parfum
        Toutes les abeilles et les paroles
s'en vont

Sur les quatre horizons
Qui n'a pu entendre cette chanson ?

Je suis la reine des aubes des Pôles
Je suis la rose des vents qui se fane tous
les automnes
Et toute pleine de neige
Je meurs de la mort de cette rose
Dans ma tête un oiseau chante toute
l'année
Et c'est comme ça qu'un jour la terre
m'a parlé

Tour Eiffel
Volière du monde
    Chante, chante
Souvenir de Paris
Le géant tendu au milieu du vide
Est l'affiche de France
      Le jour de la victoire
        Tu la raconteras aux étoiles

          Vincente Huidobro,
in *Nord-Sud*, n° 6-7, août-sept. 1917

La tour Eiffel au sein d'un haïku... « apollinairien »

Par milliers, j'ai lu en une douzaine de langues de prétendus *haïkus*, où rien ne subsiste du genre, que la brièveté extrême, et, arbitrairement, le découpage du monostique en trois « vers ». Nous obtenons alors la légende non pas même d'un tableau : non !, d'une carte postale. Comparer la tour Eiffel à quelque « géant qui marche » n'est pas aussi « poétique » assurément que *Bergère, ô tour Eiffel le troupeau des ponts bêle ce matin*. Isolée du poème original, cette proposition d'Apollinaire, qui file une seule image, construirait quelque chose qui ressemble au *haïku* :

Bergère ô tour Eiffel	6
Le troupeau des ponts	5
Bêle ce matin	5

Bien qu'on n'y trouve non plus ni l'ombre du mot-césure, ni celle du *kiregi*, ni celle du *kigo*, le mot-saison...

          Etiemble,
Essais de littérature (vraiment) générale,
          Gallimard

La tour Eiffel, dressée au centre
du poème... : Cendrars

1910
Castellamare
Je dînais d'une orange à l'ombre d'un oranger
Quand, tout à coup...
Ce n'était pas l'éruption du Vésuve
Ce n'était pas le nuage de sauterelles, une des dix plaies d'Egypte
Ni Pompéi
Ce n'était pas les cris ressuscités des mastodontes géants
Ce n'était pas la Trompette annoncée
Ni la grenouille de Pierre Brisset
Quand, tout à coup,
Feux
Chocs
Rebondissements
Etincelle des horizons simultanés
Mon sexe
                    O Tour Eiffel !
Je ne t'ai pas chaussée d'or
Je ne t'ai pas fait danser sur les dalles de cristal
Je ne t'ai pas vouée au Python comme une vierge de Carthage
Je ne t'ai pas revêtue du péplum de la Grèce
Je ne t'ai jamais fait divaguer dans l'enceinte des menhirs
Je ne t'ai pas nommée Tige de David ni Bois de la Croix
Lignum Crucis
                    O Tour Eiffel !
Feu d'artifice géant de l'Exposition Universelle !
Sur le Gange
A Bénarès
Parmi les toupies onanistes des temples hindous
Et les cris colorés des multitudes de l'Orient
Tu te penches, gracieux Palmier !
C'est toi qui à l'époque légendaire du peuple hébreu
Confondis la langue des hommes
O Babel !
    Et quelque mille ans plus tard, c'est toi qui retombais en langues de feu sur les
                    Apôtres rassemblés dans ton église
En pleine mer tu es un mât
Et au Pôle-Nord
 Tu resplendis avec toute la magnificence de l'aurore boréale de ta télégraphie sans fil

                                   Blaise Cendrars,
                                   « La Tour 1910 »,
                          Dix-Neuf Poèmes élastiques,
                                   Gallimard 1919

Aragon surréaliste rêve de la grande femelle bleue

Vous du métro
Dans le soir avec mes yeux phosphore orage
C'est moi que les collégiens de leurs mains ivres
Caressent sans savoir pourquoi
Ils lèvent leur front lourd les enfants des péniches
La balle échappe à leurs doigts gourds
Quand le fleuve en passant baigne mes pieds et chante
Voici voici la grande femelle bleue
La dame au corsage de jalousie
Elle est tendre Elle est nouvelle
Ses rires sont des incendies
Joueuse de marelle où vas-tu sauter
Vois nos mains traversées d'alcool et de sang bleu
Laisse-nous respirer.tes cheveux de métal
Mais accroupi dans mes jupes
Que fait près de moi ce régime de bananes
Paris paysage polaire
Mon corps de lévrier dans le vent chaud
Le sentez-vous comme il est rose
Comme il est blanc comme il est noir
Femmes léchez mes flancs d'où fuit FL FL
Le bulletin météorologique
Messieurs posez vos joues rasées
Contre mes membres adossés aux cieux
Où les oiseaux migrateurs
Nichent

Louis Aragon,
« La Tour parle »,
in *la Tour Eiffel de Robert Delaunay*,
Jacques Damase éditeur

Un promeneur, poète à ses heures, se rappelle... : Fargue

*Et l'on dit que tout en haut
On verra jusqu'au Congo
Brazza chasser la gazelle
De la tour Eiffel... le.*

J'ai vu pousser la tour Eiffel.

Nous allions la voir, en sortant du lycée, le veston en cœur remonté par la serviette.

Les parents constataient les progrès de la chose, en sifflotant, comme quand ils toisaient leur fils, au crayon, sur un mur.

La Seine, encore à peu près tranquille, jouissait tristement de son reste, avant les pavillons, les fanions, les fanfares.

Les remorqueurs traînaient leurs cheveux sur le fleuve, avec une plainte d'ogresse en gésine.

Les bateaux-mouches filetés de soleil fondaient comme des rayons de miel.

C'était l'époque où, qu'il en eût besoin ou non, le zouave du pont de l'Alma se lavait une fois l'an les pieds jusqu'au ventre.

Les deux chandeliers du Trocadéro n'éclairaient encore que l'herbe.

Les arbres des quais mûrissaient leurs lanternes.

Les étagères des bancs et des ponts commençaient à se couvrir de bibelots méditatifs.

Elle fut un piège, avant d'être une nasse.

Le cœur serré, nous distinguions au-dessus de la première plate-forme un halo rouge de travail, une sorte de buée sonore, où l'on voyait de temps en temps sauter le battant d'un marteau, pareil à l'envol d'un corbeau qui retombait dans la poussière.

Un bourgeois qui passait s'arrêta

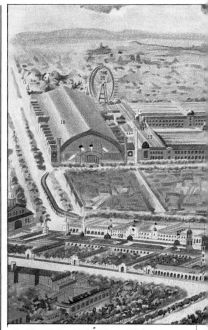

près de nous, rouge et soufflant, pattu comme un poêle de blanchisseuse, avec un petit col officier, des lunettes posées sur la moustache, une chaîne de montre grosse comme des menottes, un bourdaloue rehaussé d'encre sur la tête.

— Nous ne serons jamais prêts ! dit-il.

Un matin de mars, cependant, la Tour fut prête, cuite à point comme une langouste.

Coppée lui fit une apostrophe, qui finissait sur ces beaux vers :

*Mais tout là-haut, un aigle passe
Et n'y fait pas attention !*

Les délicats n'aimaient pas la Tour. La France artiste applaudit au maître. Mais les ingénieurs étaient fiers. Une réponse était dans l'air. Le poète Raoul Bonnery, disciple de Sully

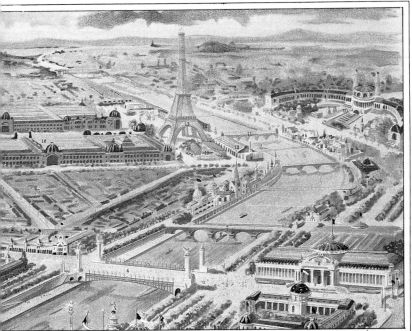

Prudhomme et membre de la Société des Gens de Lettres, qui veillait, du fond de Louis Figuier, sur les Merveilles de la Science et les Merveilles de l'Industrie, déterra des vers de Laprade :

> Sur mes froides hauteurs si nul ne
>   vient m'entendre,
> Moi j'y respire à l'aise et n'en veux
>   point descendre.

Et ferma le ban par ses propres vers :

> La Tour, objet de ton blasphème,
> Pourrait t'envoyer, Polyphème,
> Ecraser tes os tout en bas !

La nuit, la Tour, les pieds écartés sur un bûcher trop petit pour elle, pissait debout la Loïe Fuller et les Fontaines Lumineuses. les terrasses des restaurants du palais des Arts Libéraux, bondées à plier, se hérissaient de tziganes qui fouettaient la nuit lente à descendre. Une étoile lorgnait mon parfait au café, dont la chaleur faisait une statuette. Une chauve-souris signait son courrier sur le front de bandière. Un escalier buvait du lait dans les ténèbres.

Aujourd'hui, la tour Eiffel ne s'embrase plus jamais. Elle est devenue tout à fait sérieuse. Elle tape, jour et nuit, de la machine à écrire, mais parfois, sur un ordre obscur, s'allume sèchement et se couvre de cristaux froids, comme un kummel autocopiste, dans le vieux ciel aux yeux mi-clos, brouillé de souvenirs amers...

Léon-Paul Fargue,
le Piéton de Paris,
Gallimard 1932-1939

Les leçons de la Tour

Les poètes, mais aussi les architectes, les critiques quelque peu philosophes peuvent maintenant analyser le mythe de la Tour, l'impact de son grand corps, jeté sur le Champ-de-Mars et l'image de Paris qu'il implique.

Le jugement d'un grand architecte

Voilà.

C'était le XIXᵉ siècle, l'ère du machinisme ouvrait les portes d'une nouvelle civilisation.

Porte ouverte, par définition, sur l'architecture.

Cette porte fut refermée violemment par les architectes eux-mêmes. Eiffel ? Un ingénieur ! La Tour ? Calculée (en partie) d'après « les fibres de plus grande résistance » découvertes un jour par un étudiant dans un fémur scié en long et

Une équipe scientifique en observation au-dessus de Paris, à bord d'un ballon captif.

passé de mains en mains au cours d'une leçon d'anatomie (Kœchlin) ! Sa hauteur, sa ligne, son allure ? Sainte horreur proclamée pathétiquement, solennellement et pompeusement dans la « Protestation des Artistes », réclamant du ministre la fermeture du chantier !

Artistes et ingénieurs ? Quel hiatus, quelle incompatibilité ! On ne savait pas que les temps viendraient, où artiste, ingénieur, architecte seraient (seront) unifiés dans la caste des « bâtisseurs ».

[...] En 1889, la tour Eiffel, fruit d'une intuition, d'une science, d'une foi – fille du courage et de la persévérance –, fruit de ce terreau de Paris (Ville du Monde), – était érigée, plantée comme un drapeau.

Monsieur Eiffel était, j'en suis certain, un doux calculateur, habité par la grandeur et la hauteur (de l'esprit). Il était peiné de n'être pas pris pour un donateur de beauté. Ses calculs étaient inspirés et conduits par un instinct admirable de la proportion. Son désir était l'élégance ; Paris en avait fait un enfant de Paris.

[...] J'apporte à la Tour le témoignage d'un infatigable pèlerin à travers le monde. Dans les villes, dans la savane, dans la pampa, dans le désert, sur les Gaths et sur les estuaires, partout et chez les humbles comme chez les autres, la Tour est dans le cœur de chacun, signe de Paris aimé, signe aimé de Paris.

Un tel hommage est dû à la valeur d'un homme, d'un lieu et d'une époque.

Le Corbusier,
préface à *la Tour Eiffel*,
éditions de Minuit 1955.

Pierre Mac Orlan, ce que la Tour implique

Jusqu'en 1910, la tour Eiffel fut tenue par tous les artistes et par les chansonniers montmartrois comme le symbole du mauvais goût, de l'outrecuidance bourgeoise et industrielle. Verlaine ne voulait pas passer à côté de cette horreur et donnait l'ordre au fiacre qui le conduisait de changer de route.

C'était un brevet de sensibilité littéraire et artistique que de vitupérer contre la Tour. Déjà, quelques années avant la guerre, les peintres, les poètes et les romanciers ont compris la beauté de cette tour, qui devait servir de pylône à une des antennes les plus puissantes du monde, je crois même la plus puissante. Il y a, dans cette haute tour d'acier, l'association de tous les éléments qui donnent à cette époque son caractère et qui, pour cette raison, sont d'une puissance esthétique tout aussi émouvante que les plus grandioses monuments, qui, chacun, représentent une époque disparue. La tour Eiffel est aussi belle pour nous que le Parthénon l'était pour des Grecs, car elle révèle, sous ses lignes simples et hardies, les premières notions d'un pittoresque nouveau que petit à petit nous apprenons d'abord à estimer et ensuite à chérir. L'automobile, la T.S.F., donnent à notre temps un plaisir intellectuel qui ne s'enrichit pas aux mêmes sources que le plaisir intellectuel des hommes qui nous précédèrent. La beauté d'une auto ne correspond en rien aux lignes décoratives qui inspiraient un constructeur de carrosse au XVIIIe siècle, et beaucoup d'hommes, parmi les moins enclins à compliquer leur vie, commencent à admettre la beauté d'un poste de T.S.F. avec ses belles lampes aux dômes argentés. Par le fait même que cette esthétique ne peut se comparer à celles qui enrichirent d'autres époques, elle correspond bien à nos goûts pour le décor qui nous entoure et où nous agissons dans un rythme lui aussi approprié à la présence de l'auto, du cinéma, de la T.S.F. et du phonographe, que l'on commence seulement à révéler aux Français.

[...] Pendant la guerre, la Tour tendit ses antennes aériennes, et toutes les ondes du monde vinrent vibrer contre les cordes de métal. Un sapeur du génie, isolé à son sommet, troublait les conversations de Berlin et lançait dans l'espace les mots terribles du communiqué quotidien. Les avions ennemis guettaient sa pointe presque invulnérable. Elle triompha de toutes les catastrophes qui la menaçaient chaque nuit avec une régularité lancinante. Et pourtant, la force sournoise et intelligente de l'électricité l'entoure nuit et jour d'une sollicitude perfide.

Pendant la guerre, les lumières furent éteintes dans Paris, et la Seine coulait silencieusement au ras des quais, dépouillée de sa parure de diamants, de rubis et d'émeraudes. Mais elle indiquait, comme une coulée de vif-argent dans la nuit, le chemin qu'il fallait suivre pour atteindre Paris.

Aujourd'hui la tour Eiffel, au service d'une publicité tout à fait jolie, flambe dans la nuit comme une torche d'or.

Pierre Mac Orlan,
la Tour, Javel et les Bélandres, Villes,
in *Œuvres complètes*,
le Cercle du bibliophile

La tour Eiffel, lieu pour le théâtre d'avant-garde : Cocteau

DÉCOR

Première plate-forme de la tour Eiffel. La toile du fond représente Paris à vol d'oiseau. A droite, au second plan, un appareil de photographie, de taille humaine. La chambre noire forme un corridor qui rejoint la coulisse. Le devant de l'appareil s'ouvre comme une porte, pour laisser entrer et sortir des personnages. A droite et à gauche de la scène, au premier plan, à moitié cachés derrière le cadre, se tiennent deux acteurs, vêtus en phonographes, la boîte contenant le corps, le pavillon correspondant à leur bouche. Ce sont ces phonographes lui commentent la pièce et récitent les rôles des personnages. Ils parlent très fort, très vite et prononcent distinctement chaque syllabe. Les scènes se jouent au fur et à mesure de leur description.

Le rideau se lève sur un roulement de tambour qui termine l'ouverture. Décor vide.

PHONO UN Vous êtes sur la première plate-forme de la tour Eiffel.

PHONO DEUX Tiens ! Une autruche. Elle traverse la scène. Elle sort. Voici le chasseur. Il cherche l'autruche. Il lève la tête. Il voit quelque chose. Il épaule. Il tire.

PHONO UN Ciel ! une dépêche.

Une grande dépêche bleue tombe des frises.

PHONO DEUX La détonation réveille le directeur de la tour Eiffel. Il apparaît.

PHONO UN Ah ! Ça, monsieur, vous vous croyez donc à la chasse ?

PHONO DEUX Je poursuivais une autruche. J'ai cru la voir prise dans les mailles de la tour Eiffel.

PHONO UN Et vous me tuez une dépêche.

PHONO DEUX Je ne l'ai pas fait exprès.

PHONO UN Fin du dialogue.

PHONO DEUX Voici le photographe de la tour Eiffel. Il parle. Que dit-il ?

PHONO UN Vous n'auriez pas vu passer une autruche ?

PHONO DEUX Si ! Si ! je la cherche.

PHONO UN Figurez-vous que mon appareil de photographie est détraqué. D'habitude, quand je dis : « Ne bougeons plus, un oiseau va sortir », c'est un petit oiseau qui sort. Ce matin, je dis à une dame : « Un petit oiseau va sortir » et il sort une autruche. Je cherche l'autruche, pour la faire entrer dans l'appareil.

PHONO DEUX Mesdames, messieurs, la scène se corse, car le directeur de la tour Eiffel s'aperçoit soudain que la dépêche portait son adresse.

PHONO UN Il l'ouvre.

PHONO DEUX « Directeur tour Eiffel. Viendrons noce déjeuner, prière retenir table. »

PHONO UN Mais cette dépêche est morte.

PHONO DEUX C'est justement parce qu'elle est morte que tout le monde la comprend.

PHONO UN Vite ! Vite ! Nous avons juste le temps de servir la table. Je vous supprime votre amende. Je vous nomme garçon de café de la tour Eiffel. Photographe, à votre poste !

PHONO DEUX Ils mettent la nappe.

PHONO UN Marche nuptiale.

PHONO DEUX Le cortège.

Marche nuptiale. Les phonos annoncent les personnages de la noce qui entrent par couples en marchant comme les chiens dans les pièces de chiens.

PHONO UN La mariée, douce comme un agneau.

PHONO DEUX Le beau-père, riche comme Crésus.

PHONO UN Le marié, joli comme un cœur.

PHONO DEUX La belle-mère, fausse comme un jeton.

PHONO UN Le général, bête comme une oie.

PHONO DEUX Regardez-le. Il se croit sur sa jument Mirabelle.

PHONO UN Les garçons d'honneur, forts comme des Turcs.

PHONO DEUX Les demoiselles d'honneur, fraîches comme des roses

PHONO UN Le directeur de la tour Eiffel leur fait les honneurs de la tour Eiffel. Il leur montre Paris à vol d'oiseau.

PHONO DEUX J'ai le vertige !

Cocteau,
les Mariés de la tour Eiffel,
Gallimard 1921

L'accident mortel de Reichelt le 4 février 1912 : tailleur de son état, il s'était confectionné une redingote agrémentée d'une large cape montée sur ressorts qui devait faire office de parachute (à gauche). L'appareillage ne lui laissait aucune chance de survivre. La presse et les photographes étaient présents à son saut (ci-dessus), ses hésitations, sa chute et sa mort furent filmées en direct (le film existe toujours).

Roland Barthes et le génie du lieu, le symbole de la Tour

La Tour regarde Paris. Visiter la Tour, c'est se mettre au balcon pour percevoir, comprendre et savourer une certaine essence de Paris. Et ici encore, la Tour est un monument original. Habituellement, les belvédères sont des points de vue sur la nature, dont ils tiennent les éléments, eaux, vallées, forêts, rassemblés sous eux, en sorte que le tourisme de la « belle vue » implique infailliblement une mythologie naturiste. La Tour, elle, donne, non sur la nature, mais sur la ville ; et pourtant, par sa position même de point de vue visité, la Tour fait de la ville une sorte de nature, elle constitue le fourmillement des hommes en paysage, elle ajoute au mythe urbain, souvent sombre, une dimension romantique, une harmonie, un allégement ; par elle, à partir d'elle, la ville rejoint les grands thèmes naturels qui s'offrent à la curiosité des hommes : l'océan, la tempête, la montagne, la neige, les fleuves. Visiter la Tour, ce n'est donc pas entrer en contact avec un sacré historique, comme c'est le cas pour la plupart des monuments, mais plutôt avec une nouvelle nature, celle de l'espace humain : la Tour n'est pas trace, souvenir, bref, culture, mais plutôt consommation immédiate d'une humanité rendue naturelle par ce regard qui la transforme en espace.

[...] Mythiquement (qui est le seul plan où l'on se place ici) Paris est une ville très ancienne, et en elle le passé monumental, des thermes de Cluny au Sacré-Cœur, devient une valeur sacrée : c'est du passé lui-même que Paris entier est le symbole spontané. Face à cette forêt de symboles passéistes, clochers, dômes, arcs, la Tour surgit comme un acte de rupture, destiné à désacraliser le poids du temps antérieur, à opposer à la fascination, à l'englument de l'histoire (si riche soit-elle) la liberté d'un temps neuf ; tout, dans la Tour, la désignait à ce symbole de subversion : la Hardiesse de la conception, la nouveauté du matériau, l'inesthétisme de la forme, la gratuité de la fonction. Symbole de Paris, on peut dire que la Tour a conquis cette place contre Paris lui-même, ses vieilles pierres, la densité de son histoire ; elle a subjugué les symboles anciens, tout comme matériellement elle a dominé leurs coupoles et leurs aiguilles. En un mot, elle n'a pu être pleinement le symbole de Paris que lorsqu'elle a pu lever en lui l'hypothèque du passé et devenir aussi le symbole de la modernité. L'agression même qu'elle a imposée au paysage parisien (soulignée par la pétition des artistes) est devenue chaleureuse ; la Tour s'est faite, avec Paris même, symbole d'audace créatrice, elle a été le geste moderne par lequel le présent dit non au passé. [...]

La Tour est d'abord le symbole de l'ascension, de toute ascension ; elle accomplit une sorte d'idée de la hauteur en soi. Aucun monument, aucun édifice, aucun lieu naturel n'est aussi mince et aussi haut ; en elle, la largeur est annulée, toute la matière s'absorbe dans un effort de hauteur. On sait combien ces catégories simples, cataloguées déjà par Héraclite, ont d'importance pour l'imagination humaine, qui peut y consommer à la fois une sensation et un concept ; on sait aussi, notamment depuis les analyses de Bachelard, combien cette imagination ascensionnelle est euphorique, combien elle aide l'homme à vivre, à rêver, en s'associant en lui à l'image de la plus heureuse des grandes fonctions physiologiques, la respiration. De loin,

Pierre Labric, journaliste, futur maire de la commune libre de Montmartre, descend à bicyclette les escaliers de la Tour, le 2 juin 1923.

la Tour est ainsi vécue par des millions d'hommes comme un exercice pur de la hauteur ; et de près, pour qui la visite, cette fonction se complique mais ne cesse pas ; on le voit sur les photographies de la Tour, au niveau de ses poutrelles, un concours subtil s'établit entre l'horizontal et le vertical ; bien loin de *barrer*, les lignes transversales, la plupart obliques ou arrondies, disposées en arabesques, semblent relancer sans cesse la montée ; l'horizontal ne s'empâte jamais, il est lui aussi dévoré par la hauteur ; les plates-formes elles-mêmes ne sont jamais que des relais, des reposoirs ; tout s'élève dans la Tour, jusqu'à la fine aiguille le long de laquelle elle se perd dans le ciel.

Car on comprend bien que cette imagination de la hauteur communique avec une imagination de l'aérien ; les deux symboles sont indissolublement liés, l'aérien étant aussi euphorique que le haut auquel il touche (le ciel est une image sublime, donc heureuse). Cependant le thème aérien se développe dans une tout autre direction et rencontre sur son chemin des symboles inédits que le thème d'altitude ne comporte pas. Le premier attribut de la substance aérienne, c'est la *légèreté*. La Tour est en effet un symbole de légèreté. On sait que ce fut l'une des prouesses techniques d'Eiffel que d'allier le gigantisme (d'ailleurs élancé) de la forme à la légèreté du matériau ; une Tour réduite au millième ne pèserait que 7 g, le poids d'une feuille de papier à lettres ; une connaissance aussi précise n'est pas nécessaire pour savoir intuitivement que la Tour est prodigieusement légère ; il n'y a visiblement en elle aucun poids ; elle ne s'enfonce pas dans la terre, mais semble posée sur elle. Le second attribut de la substance aérienne, c'est une qualité bien particulière d'étendue, puisqu'on la trouve ordinairement dans certains tissus, c'est l'*ajouré* : la Tour est une dentelle de fer, et ce thème n'est pas sans rappeler l'évidement tourmenté de la pierre dont on a toujours fait la marque du gothique : la Tour relaye encore une fois ici la cathédrale. L'*ajouré* est un attribut précieux de la substance, car il l'exténue sans l'anéantir ; en un mot, il fait voir le vide et manifeste le néant sans pour autant lui retirer son état privatif ; on voit toujours le ciel à travers la Tour ; en elle, l'aérien échange sa propre substance avec les mailles de sa prison, de fer, délié en arabesques, devient lui-même de l'air.

[...] Par une sorte de vocation dangereuse, la Tour suscite les performances les plus insolites : on y joue une course d'escaliers à l'assaut du deuxième étage (1905), on la descend à bicyclette (1923), on passe en avion entre ses piliers (1945). Mais surtout on y joue avec la vie, on y meurt ; dès avant qu'elle fût achevée, un jeune ouvrier, par fanfaronnade, court sur les poutres du premier étage et se tue sous les yeux de sa fiancée ; en 1912, Treichelt, l'Homme-Oiseau, muni d'ailes compliquées, se jette de la Tour et s'écrase. On sait d'autre part que la Tour est un lieu de suicides. Or seule une raison mythique peut rendre compte des suicides de la Tour, et cette raison est faite de tous les symboles dont la Tour est chargée ; c'est parce que la Tour est spectacle pur, symbole absolu, métamorphose infinie, qu'en dépit ou à cause des innombrables images de vie qu'elle libère, elle appelle la dernière image de l'expérience humaine, celle de la mort.

Regard, objet, symbole, la Tour est tout ce que l'homme met en elle, et ce tout est infini. Spectacle regardé et regardant, édifice inutile et irremplaçable, monde familier et symbole héroïque, témoin d'un siècle et monument toujours neuf, objet inimitable et sans cesse reproduit, elle est le signe pur, ouvert à tous les temps, à toutes les images et à tous les sens, la métaphore sans frein ; à travers la Tour, les hommes exercent cette grande fonction de l'imaginaire, qui est leur liberté, puisque aucune histoire, si sombre soit-elle, n'a jamais pu la leur enlever.

Roland Barthes,
la Tour Eiffel,
Delpire éditeur 1964

Et pour finir, la merveilleuse et dangereuse histoire de la tour... de Babel : Buzzati

C'était le bon temps quand je travaillais à la construction de la tour Eiffel. Et je ne savais pas que j'étais heureux.

La construction de la tour Eiffel fut une chose grandiose et très belle. Aujourd'hui vous ne pouvez plus vous rendre compte. La tour Eiffel telle qu'elle est désormais n'a plus grand-chose de commun avec ce qu'elle était alors. A commencer par les dimensions. Elle s'est comme rétrécie. Moi quand je passe dessous, je lève les yeux et je regarde. Mais j'ai de la peine à reconnaître le monde où j'ai vécu les plus beaux jours de ma vie. Les touristes entrent dans l'ascenseur, montent à la première plate-forme, montent à la deuxième plate-forme, s'exclament, rient, prennent des photographies, avec des pellicules en couleur. Les pauvres... ils ne savent pas, ils ne pourront jamais savoir.

On lit dans les guides que la tour Eiffel mesure trois cents mètres de haut, plus vingt mètres en comptant l'antenne radio. C'est ce que disaient aussi les journaux de l'époque, avant qu'on ne commence les travaux. Et trois cents mètres, ça semblait déjà une folie au public.

Trois cents mètres, tu parles. Moi je travaillais alors aux ateliers Rungis, près de Neuilly. J'étais un bon ouvrier mécanicien. Un soir comme je rentrais chez moi, un monsieur en haut-de-forme qui pouvait avoir dans les quarante ans m'arrête dans la rue.

« Est-ce que c'est bien à monsieur André Lejeune que je parle ?

— Oui, c'est moi, mais vous, qui êtes-vous ?

— Je suis l'ingénieur Gustave Eiffel et je voudrais vous faire une proposition. Seulement, avant, il faut que je vous montre quelque chose. Ma voiture est là. »

Je monte dans la voiture de l'ingénieur, il me conduit à un grand hangar qui s'élevait dans un terrain vague de la périphérie. Là il y avait une trentaine de jeunes gens qui travaillaient en silence devant de grandes tables à dessin sans lever les yeux de leur travail et daigner nous accorder un regard.

L'ingénieur me conduit dans le fond de la salle où, appuyé contre le mur, se dresse un tableau qui faisait bien deux mètres de haut et sur lequel une tour était dessinée.

« Je construirai pour Paris, pour la France, pour le monde, cette tour que vous voyez. En fer. Ce sera la tour la plus haute du monde.

— Haute de combien ? demandai-je.

— Le projet officiel prévoit une hauteur de trois cents mètres. Mais ça c'est le chiffre dont je suis convenu avec le gouvernement, pour ne pas les épouvanter. Ce sera finalement beaucoup plus haut.

— Quatre cents ?

— Mon garçon, faites-moi confiance, maintenant je ne peux rien vous dire. Ne nous emballons pas. Mais il s'agit d'une merveilleuse entreprise et c'est un honneur que d'y participer. Je suis venu personnellement vous chercher parce que l'on m'a dit que vous étiez un excellent mécanicien. Combien gagnez-vous chez Runtiron ? »

Je lui dis quel était mon salaire.

« Si tu viens chez moi, dit l'ingénieur en me tutoyant brusquement, tu gagneras trois fois plus. »

J'acceptai.

Mais l'ingénieur ajouta à voix basse :

« J'oubliais un détail, mon cher André. Je tiens beaucoup à ce que tu sois des nôtres, mais auparavant tu dois me promettre quelque chose.

J'espère que ce n'est pas quelque chose de déshonorant, hasardai-je, un peu impressionné par son air mystérieux.

— Le secret, dit-il.

— Quel secret ?

— Peux-tu me donner ta parole d'honneur de ne parler à personne, pas même avec les tiens, de notre travail ? De ne raconter à âme qui vive ce que tu feras et comment tu le feras ? De ne révéler ni chiffres, ni mesures, ni données ? Penses-y bien, penses-y avant de toper là. Parce qu'un jour ce secret te pèsera peut-être. »

Il y avait un formulaire imprimé, avec le contrat de travail, où était écrit l'engagement de respecter le secret. Je signai.

Le chantier comptait des centaines d'ouvriers, peut-être des milliers. Non seulement je ne les connus jamais tous mais je ne les vis même pas tous car on travaillait par équipes, sans solution de continuité et il y avait trois tours par vingt-quatre heures.

Une fois terminées les fondations de ciment, nous commençâmes, nous autres mécaniciens, à monter les poutres d'acier. Entre nous, dès le début nous nous parlions peu, peut-être à cause du serment prêté. Mais à quelques bribes de phrases saisies par-ci par-là, je compris que mes camarades n'avaient accepté l'engagement qu'en raison du salaire exceptionnel. Personne, pour ainsi dire, ne croyait que la tour serait jamais terminée. Ils pensaient que c'était une folie, au-dessus des forces humaines.

Les quatre gigantesques pieds une fois solidement rivés en terre, la charpente de fer s'éleva pourtant à vue d'œil. Au-delà de l'enclos, autour du vaste chantier, la foule stationnait jour et nuit pour nous contempler tandis que nous joutions là-haut, minuscules insectes suspendus à notre toile d'araignée.

Les arches du piédestal furent fortement soudées, les quatre colonnes vertébrales se dressèrent presque à pic et puis se fondirent pour n'en former qu'une seule qui s'amincissait au fur et à mesure qu'elle s'élevait. Le huitième mois, on arriva à la cote 100 et un banquet fut offert à tout le personnel dans une auberge des bords de la Seine.

Je n'entendais plus de paroles de découragement. Un étrange enthousiasme au contraire s'était

Un autre banquet nous fut offert par les constructeurs quand on arriva à la cote 200, et même les journaux en parlèrent. Mais autour du chantier la foule ne stationnait plus, ce ridicule chapeau de brouillard nous cachait complètement à ses regards. Et les journaux louaient l'artifice : cette condensation de vapeurs – expliquaient-ils – empêchait les ouvriers travaillant sur les structures aériennes de remarquer l'abîme qui était au-dessous d'eux ; et cela leur évitait d'avoir le vertige. Grosse sottise : tout d'abord parce que nous étions désormais parfaitement entraînés au vide ; et même en cas de vertige, il ne nous serait pas arrivé malheur car chacun de nous portait une solide ceinture de cuir qui était rattachée, au fur et à mesure, par une corde, aux charpentes environnantes.

250, 280, 300... deux ans avaient passé. Étions-nous à la fin de notre aventure ? Un soir on nous réunit sous la grande voûte en croix de la base et l'ingénieur Eiffel nous parla. Notre engagement – dit-il – touchait à sa fin, nous avions donné des preuves de ténacité, de bravoure, de courage et l'entreprise nous remettait une prime spéciale. Celui qui le désirait pouvait partir. Mais lui, l'ingénieur Eiffel, espérait qu'il se trouverait des volontaires disposés à continuer. Continuer quoi ? L'ingénieur ne pouvait pas nous l'expliquer, qu'on lui fasse seulement confiance, cela en valait la peine.

Comme beaucoup d'autres, je restai. Et ce fut une sorte de folle conjuration qu'aucun étranger ne soupçonna parce que chacun de nous resta plus que jamais fidèle au secret.

Et c'est ainsi qu'à la cote 300, au lieu d'ébaucher la charpente de la coupole

emparé des ouvriers, des chefs d'équipe, des techniciens, des ingénieurs, comme si on avait été à la veille d'un événement extraordinaire. Un matin, c'étaient les premiers jours d'octobre, nous nous trouvâmes plongés dans le brouillard.

On pensa qu'une couche de nuages bas stagnait sur Paris, mais ce n'était pas ça. Tout autour l'air était serein. « Hé ! vise un peu ce tube-là », me dit Claude Gallumet, le plus petit et le plus débrouillard de mon équipe qui était devenu mon ami. D'un gros tube de caoutchouc fixé à la charpente de fer sortait de la fumée blanchâtre. Il y en avait quatre, un à chaque coin de la tour. Il en sortait une fumée dense qui peu à peu formait un nuage qui ne montait ni descendait, et sous ce grand parasol d'ouate, nous, nous continuions à travailler. Mais pourquoi ? A cause du secret ?

terminale, on dressa de nouvelles poutres d'acier les unes au-dessus des autres en direction du zénith. Barre sur barre, fer sur fer, poutrelle sur poutrelle, et des boulons et des coups de marteau, le nuage tout entier en résonnait comme une caisse harmonique. Nous autres, nous étions au septième ciel.

Jusqu'au moment où, à force de monter, nous émergeâmes de la masse du nuage qui resta au-dessous de nous, et les gens de Paris continuaient à ne pas nous voir à cause de ce bouclier de vapeurs, mais en réalité nous planions dans l'air pur et limpide des sommets. Et certains matins venteux nous apercevions au loin les Alpes couvertes de neige.

Nous étions désormais si haut que la montée et la descente des ouvriers finissaient par prendre plus de la moitié de l'horaire de travail. Les ascenseurs n'existaient pas encore. De jour en jour le temps de travail effectif s'amoindrissait. Le moment allait venir où, à peine arrivés au sommet, il nous faudrait entreprendre la descente. Et la tour cesserait de croître, même d'un seul mètre.

Il fut alors décidé qu'on installerait là-haut, entre les travées de fer, de petites baraques pour nous, comme des nids, qu'on ne verrait pas de la ville parce qu'elles seraient cachées par le nuage de brouillard artificiel. Nous y dormions, nous y mangions, et le soir nous jouions aux cartes quand nous n'entonnions pas les grands chœurs des illusions et des victoires. Nous descendions à la ville par roulement et seulement les jours de fête.

C'est alors que nous commençâmes à soupçonner la merveilleuse vérité et à comprendre lentement la raison du secret. Nous ne nous sentions plus des ouvriers mécaniciens, mais bel et bien des pionniers, des explorateurs, nous étions des héros, des saints. Peu à peu nous prenions conscience que la construction de la tour Eiffel ne serait jamais terminée, maintenant nous nous expliquions pourquoi l'ingénieur avait exigé ce piédestal démesuré, ces quatre pattes de fer cyclopéennes qui semblaient absolument disproportionnées. La construction ne cesserait jamais et jusqu'à la fin des temps la tour Eiffel continuerait à grimper en direction du ciel, dépassant les nuages, les tempêtes, les sommets du Gaurisankar. Tant que Dieu nous prêterait force nous continuerions à boulonner les poutres d'acier l'une sur l'autre, toujours plus haut, et après nous nos fils continueraient, et personne dans cette ville toute plate de Paris n'en saurait rien, le pauvre monde ne se douterait de rien.

Bien sûr, en bas, tôt ou tard ils perdraient patience, il y aurait des protestations et des interpellations au Parlement, comment se faisait-il donc qu'ils n'en finissent pas de construire cette fichue tour ? Désormais les trois cents mètres prévus étaient atteints, alors qu'attendait-on pour construire la coupole ? Mais nous trouverions des prétextes, nous aurions réussi sans aucun doute à placer un homme à nous au Parlement ou dans les ministères, nous parviendrions à mettre l'affaire en sommeil, les gens se résigneraient, et nous autres toujours plus haut dans le ciel, exil sublime.

En bas, au-dessous du nuage blanc, un bruit de fusillade retentit. Nous descendîmes un bon bout de chemin, nous traversâmes le nuage, nous nous penchâmes à la limite inférieure de la brume, regardant à la longue-vue vers le chantier, les forces de police, les gendarmes, les gardes républicains, s'avançant. Il y avait là des escadrons, des bataillons, des armées, que le diable les emporte et les dévore !

Ils nous envoyèrent un messager parlementaire : rendez-vous et descendez immédiatement. O les fils de chiens ! Ultimatum de six heures, après quoi, ils ouvriraient le feu avec des fusils, des mitrailleuses, des canons légers, ça sera assez bon pour vous, espèces de bâtards.

Un judas sordide nous avait donc trahis. Le fils de l'ingénieur Eiffel, parce que l'aïeul était déjà mort et enterré depuis longtemps, était pâle comme un linge. Comment pouvions-nous combattre ? Pensant à nos chères familles, nous nous rendîmes.

Ils défirent le poème que nous avions élevé au ciel, ils amputèrent la flèche à trois cents mètres de hauteur, ils y plantèrent sous notre nez cette espèce de chapeau informe que vous voyez encore aujourd'hui, absolument minable.

Le nuage qui nous cachait n'existe plus, ils firent même un procès aux assises de la Seine, à cause de ce nuage. La tour avortée a été toute vernie en gris, il en pend de longs drapeaux qui flottent au soleil, aujourd'hui c'est le jour de l'inauguration.

Le président arrive en redingote et chapeau haut de forme, dans la calèche impériale tirée par quatre chevaux. Comme des baïonnettes, les sonneries de fanfares jaillissent à la lumière. Les tribunes d'honneur sont fleuries de dames en grand tralala. Le président passe en revue le détachement des cuirassiers. les vendeurs d'insignes et de cocardes circulent dans la foule. Soleil, sourires, bien-être, solennité. De l'autre côté de l'enceinte, perdus dans la foule des pauvres hères, nous autres, les vieux ouvriers fatigués de la tour, nous nous regardons l'un l'autre, et des larmes coulent dans nos barbes grises. Ah ! jeunesse...

Dino Buzzati,
le K.,
Robert Laffont

FILMOGRAPHIE

G. Mélies, *Images de l'expo 1900*, 1900
G. Hatot, *La Course à la perruque*, 1900-1910.
R. Clair, *Paris qui dort*, 1923.
L. Morat, *La Cité foudroyée*, 1924.
Rimski et Colombier, *Paris en cinq jours*, 1925.
Le Mystère de la Tour Eiffel,1927.
R. Clair, *La Tour* (documentaire),1928.
A. Gance, *La Fin du monde*,1930.
Y. Noé, *Les Hommes sans peur*,1941.
A. Pol, *A l'assaut de la tour Eiffel*,1947.
B. Meredith, *L'Homme de la tour Eiffel*,1948.
N. Vedrès, *Paris 1900* (documentaire), 1948.
C. Crichton, *De l'or en barres*, 1951.
Bromberger, *Seul dans Paris*,1951.
R. Pottier, *Le Chanteur de Mexico*,1956.
L. Malle, *Zazie dans le métro*,1960.
C. Marker, *Prière sur la Tour* (documentaire),1962.
C. Chabrol, *Les Plus Belles Escroqueries du monde*,1964.
B. Edwards, *La Grande Course autour du monde*,1965.
G. Franju, *Monsieur Eiffel et sa tour* (documentaire),1965.
P. Prévert, *A la belle étoile*,1966.
M. de Ré et J.-R.Cadet, *La Tour Eiffel qui tue*, 1966.
J.-P. Mocky, *La Grande Lessive*,1968.
J. Rouch, *Les Lettres persanes*, 1969.
J. Lenica, *Fantorro, le dernier justicier*,1971.
W. Disney, *Condorman*, 1980.
R. Lester, *Superman II*, 1980.
J. M. Soyez, *Les Ecureuils*, (documentaire), 1981.
Vidéothèque de Paris, *Autour de la tour Eiffel*, (documentaire), 1984.

BIBLIOGRAPHIE

Ouvrages de Gustave Eiffel

Projet d'une tour colossale en fer de trois cents mètres de hauteur, Paris, 1884 (description du projet initial).

Tour en fer de trois cents m de hauteur destinée à l'Exposition de 1889, Paris 1885 (première publication officielle du projet).

La Tour de trois cents mètres, Paris, 1900 (réédité en 1989).

La Tour Eiffel en 1900, Paris, 1902.

Recherches expérimentales sur la résistance de l'air exécutées à la tour Eiffel,,Paris, 1907.

Ouvrages généraux sur Eiffel

F. Poncetton, *Eiffel, le magicien du fer*, Ed. de la Tournelle, Paris, 1939.

M. Besset, *Gustave Eiffel, 1832-1923*, Hatier, Paris, 1957.

B. Lemoine, *Gustave Eiffel*, Fernand Hazan. Paris, 1984.

H. Loyrette, *Gustave Eiffel*, Payot. Paris, 1986.

B. Marrey, *Gustave Eiffel, une entreprise exemplaire*, Institute, 1989.

Ouvrages sur la Tour

M. de Nansouty, *La Tour de trois cents mètres érigée au Champ-de-Mars*. Paris, 1889.

G. Tissandier, *La Tour Eiffel de trois cents mètres*, G. Masson, Paris, 1889.

C. Cordat, *La Tour Eiffel,* (préface de Le Corbusier), Ed. de Minuit, Paris, 1955.

G. Guy, *Une tour nommée Eiffel*, Presses de la Cité, Paris, 1957.

R. Barthes, *La Tour Eiffel*, Delpire. Paris, 1964.

C. Braibant, *Histoire de la tour Eiffel*, Plon, Paris, 1964.

J. Harriss, *La Tour Eiffel*, Hatier, Paris, 1977.

V. Hamy, *La Tour Eiffel*, Ed. de La Différence (préface d'Armand Lanoux),Paris, 1980.

C. de Bures, *La Tour de trois cents mètres*, André Delcourt, Lausanne, 1988.

F. Sagan, W. Denker, *La Sentinelle de Paris*, Robert Laffont, Paris, 1988.

J.-P. Caracalla, J. des Cars, *La Tour Eiffel, un siècle d'audace et de génie*, Denoël, Paris, 1989.

Catalogues d'expositions

Exposition Gustave Eiffel, Ville de Dijon, 1981.

Gustave et Eiffel et son temps, par Bernard Marrey, Musée de la Poste, Paris, 1982.

Gustave Eiffel, constructeur, par Bertrand Lemoine, Tour Eiffel, Délégation à l'Action artistique de la Ville de Paris, 1988.

1889, La Tour Eiffel et l'Exposition universelle, Musée d'Orsay, Paris, 1989.

Et pour les jeunes

S. Girardet, C. Merleau-Ponty et A. Tardy, *Le Livre de la tour Eiffel,* Découverte Cadet, Gallimard, Paris, 1983.

TABLE DES ILLUSTRATIONS

OUVERTURE

1er plat gravure.
Dos la tour Eiffel, gravure.
4e plat *L'Embrasement de la tour Eiffel pendant l'Exposition universelle de 1889,* peinture de G. Garen. Fonds Eiffel, musée d'Orsay, Paris.

COUVERTURE

1 (de haut en bas) Caissons métalliques du pilier n°4 de la Tour.
Caissons métalliques, album Durandelle. Fonds Eiffel, Musée d'Orsay.
Derniers travaux d'enfoncement des caissons métalliques. Fondations du pilier n° 3.

2hg Début d'une pile, album Durandelle. Fonds Eiffel, musée d'Orsay, Paris.
2/5 Suite de la construction.
6hg L'état des travaux en novembre 1888.
6-7 Suite du chantier
8hg La Tour à l'Exposition de 1889
9hd La Tour achevée.
11 Le peintre de la Tour.

CHAPITRE I

12 Eiffel, peinture de Vieusseux. Fonds Eiffel, musée d'Orsay, Paris.
13 *Détail de l'ouverture de l'arc de la Tour,* croquis sur calque. Fonds Eiffel, musée d'Orsay, Paris.
14h «La Cité vue du Pont des Saints-Pères», (pont des Arts au premier plan) par Eugène Granet, vers 1886. Bibliothèque des Arts décoratifs, Paris
14b Le carreau des Halles, de Myrbach, 1888. Bibliothèque des Arts décoratifs, Paris.
15 Paris, les Halles (vue plongeante de Saint-Eustache).
16mg Papier en-tête de l'entreprise Eiffel.
16md Budapest : la gare de l'Ouest, carte postale vers 1910.
16bd Le viaduc de Garabit, photo coloriée fin XIXe s. Bibliothèque des Arts décoratifs, Paris.
16-17 Le pont de Bordeaux, photographie rehaussée à l'huile. Fonds Eiffel, Musée d'Orsay, Paris.
17 La statue de la Liberté par Bartholdi.
18h Le Crystal Palace à l'Exposition de Londres en 1851, gravure couleur. Bibliothèque Nationale, Paris.
18m Le Crystal Palace, papier peint décoratif, 1851.
18b Vue à vol d'oiseau de l'Exposition de 1878 à Paris (Panorama des Palais). Musée Carnavalet, Paris.
19 Nef du Palais de l'industrie de l'Exposition de 1855 à Paris.
20 Coupe de la statue de la Liberté faisant apparaître l'armature métallique d'Eiffel, gravure tirée de *Les Plus Grandes Entreprises du monde,* de D. Bellet et W. Darville, Ed. Flammarion.
21 La tour de Clarke et Reeves, gravure tirée de *La Nature,* 1874.
22 «Ce que sera l'Exposition Universelle de Paris de 1878» (le Trocadéro de Bourdais), lithographie couleur. Musée Carnavalet, Paris.
23 Vue aérienne de la Maison Blanche et de l'obélisque à Washington, D. C.
24 Détail d'une pile du viaduc de Rouzat.
25 «Pylône de 300 m de hauteur pour la Ville de Paris, 1889. Avant-projet de M. E. Nouguier et M. Koëchlin.»
26 Le viaduc de Garabit en construction. Fonds Eiffel, musée d'Orsay, Paris.
27 Portrait de Koechlin.
28 Eiffel et ses ingénieurs sous le viaduc de Garabit.
29 La Tour detrois cents mètres

CHAPITRE II

30 Ouvriers sur le chantier des fondations.
31 Schéma des grues, détail.
32 Avant-dernier stade du projet (dédicacé par Eiffel «A mes enfants Maurice et Laure»).
33 La tour de Bourdais, rivale du projet d'Eiffel.
34 Le projet final primé, dessin de M. O. du Bré.
35h La Tour de MM Neve et Hennebique

(en bois), tiré de *La Tour de trois cents mètres*, de G. Eiffel, Lemercier 1900.
35m La tour de M. L., architecte à Toulouse (en bois), *idem*.
35b La tour de Cassien-Bernard et Nachon, à cheval sur la Seine. Fonds Eiffel, musée d'Orsay, Paris.
36-37 Le Champ-de-Mars avant la construction et le Trocadéro.
37b L'élévation de la Tour, avec les cotes.
38h Brevet d'Invention de la Tour de trois cents mètres au nom d'Eiffel, Nouguier et Koechlin.
38-39h Le bureau d'études de l'entreprise Eiffel à Levallois-Perret.
39 Le début des fondations en 1887.
40h Les fondations, gravure couleur.
40b Eiffel sur le chantier des fondations (détail), photo d'Albert Londe
41h Coupe d'un caisson, gravure.
41b Gros plan sur les massifs de maçonnerie des fondations.
42 La Tour en travaux au niveau du premier étage, vue du Trocadéro, gravure.
43hd Sauvestre, Nouguier, Eiffel, Koechlin et Salles sur le chantier du premier étage.
42-43 Le début du montage des quatre piles.
44 Une équipe de riveteurs, gravure de *L'Exposition de*

Paris de 1889.
45 La Tour en chantier au niveau du deuxième étage.
46 La tour Eiffel en construction, tableau de P. L. Delance. Musée Carnavalet, Paris.
47 Ouvriers sur la Tour : «A 180 mètres en l'air. - Boulonnage du joint des deux arbalétriers», gravure, couverture de *L'Exposition de Paris de 1889*, du 15 novembre 1888.
48 Photo d'un ascenseur.
48-49 Coupe de l'ascenseur Otis entre le sol et le premier étage, gravure de *L'Exposition de Paris de 1889*.
50 Eiffel en haut de la Tour.
50-51h Cabine d'ascenseur (entre le deuxième et le troisième étage), gravure de *L'Exposition de Paris de 1889*.
51b Des visiteurs attendant le départ de l'ascenseur au deuxième étage.

CHAPITRE III

52 L'inauguration de la Tour : Eiffel hisse le drapeau au troisième étage, en compagnie d'officiels, gravure de *L'Exposition de Paris*.
53 Le campanile et le phare de la Tour, avec des visiteurs, gravure de *L'Exposition de Paris*, du 15 avril 1889.
54-55h Eiffel à

saute-mouton par dessus la Tour, gravure couleur de Luque, couverture des *Hommes d'Aujourd'hui*, 1889. Fonds Eiffel, musée d'Orsay, Paris.
54-55b Trombinoscope des protestataires : (de gauche à droite) Dumas fils, Maupassant, F. Coppée, Leconte de Lisle, Sully Prudhomme, C. Garnier, W. Bouguereau.
56 hg Image du Bon Marché : le chemin de fer de Decauville à l'Exposition de 1889.
56 hd L'ouverture de l'Exposition, couverture de *La Caricature* du 11 mai 1889, par A. Robida : «Bienvenue aux étrangers. Venez, entrez, donnez vous la peine de voir et d'admirer. Guidés par leurs interprètes, ils circulent et volapükisent autour de la Tour, les touristes de l'Afrique du Sud, les indigènes de Bornéo, les rastaquouères de Papouasie, les citoyens de l'Australie centrale. On a même signalé déjà quelques gentlemen primitifs des îles de la Sonde, venus en garçons et logés par les soins de l'Administration au Jardin des Plantes.»
56bg Couverture du *Grelot* du 22 juillet 1895 : «La démission du conseil de l'Ordre de la Légion d'Honneur.»

56b d Souvenir de l'Exposition, 1889.
57 Couverture de *L'Exposition de Paris de 1889*.
58 Affiche des Chemins de Fer Paris-Lyon-Méditerranée : billets d'aller-retour à 25 % de réduction pour l'inauguration de l'Exposition. Musée Carnavalet, Paris.
59 Image-souvenir de l'Expo 1889, Bibliothèque Nationale, Paris.
60-61 Vue d'ensemble de l'Expo de 1889, gravure couleur.
62-63 La Tour en construction, après le 2e étage, photo recadrée.
63 Caricature de G. Eiffel parue dans *le Central* en 1889 : «A la grandeur, on mesure la grandeur de l'homme.»Fonds Eiffel, musée d'Orsay, Paris.
64-65 Les parisiens à l'Exposition de 1889, gravure de *L'Exposition de Paris*
66-67 Trois vues de la galerie des Machines, gravures de *L'Exposition de Paris*.
68g Portrait d'Edison, gravure couleur du *Petit Journal*, 1917.
68hd Visite à la Tour : «Nouvel ascenseur (système breveté) permettant l'escalade de la Tour sans la moindre fatigue. Les personnes les plus obèses peuvent se risquer, elles n'éprouveront aucune palpitation»,

dessin de A. Robida, couverture de *La Caricature* du 3 août 1889.

68md «Plus de place dans les hôtel.. Par décision administrative, les montants de la tour Eiffel, garnis de matelas sont utilisés comme dortoirs pour étrangers. L'heure du coucher est presque aussi intéressante que les fontaines lumineuses», dessin de A. Robida, couverture de *La Caricature*, du 6 juillet 1889.

69g Visiteurs sur les escaliers en colimaçon, gravure de *L'Exposition de Paris*.

69d Salles, le gendre et collaborateur d'Eiffel, au sommet de la Tour.

70 Exemplaire du *Figaro*, du 17 mai 1889, imprimé sur la Tour.

70-71b Les projecteurs Mangin, montés sur des rails, au deuxième étage de la Tour.

71h Le «studio» d'Eiffel au troisième étage de la Tour.

CHAPITRE IV

72 g «Les vingt-cinq ans de la tour Eiffel : son utilisation actuelle pour la télégraphie sans fil», gravure couleur du *Petit Journal*, 1914.

73 Vendeuse de tours Eiffel miniatures devant la Tour, photo de Robert Doisneau.

74 Visiteurs montant les escaliers de la Tour, vers 1900, gravure.

74-75b Projet de transformation de la Tour en palais de l'Eléctricité et du Génie civil pour l'Exposition universelle de 1900 (élévation), plume gouache et aquarelle de H. Toussaint. Fonds Eiffel, musée d'Orsay, Paris.

75h Fêtes de nuit à l'Exposition de 1900, gravure couleur.

76-77h Vue panoramique entre les pieds de la Tour, exposition de 1900.

77b Expériences sur la chute des corps réalisées sur la seconde plate-forme de la Tour, gravure.

78g «Appareil de chute pour mesurer la résistance de l'air. L'appareil après la chute est engagé sur 'e cône d'arrêt», photo vers 1903-1907, Eiffel est au centre du groupe des trois personnages.

78d Schéma de l'expérience du pendule de Foucault en 1851.

79 Le sommet de la Tour avec le drapeau français, gravure couleur, 1909.

80 Eiffel tenant un modèle réduit d'avion.

81 «Assisterons-nous à la destruction de Paris en 1926? Lire dans ce numéro les prédictions sensationnelles du fakir Fhakya-Khan», couverture du *Petit Journal Illustré*, 22 novembre 1925.

82g Les officiers du général Ferrié installent l'antenne de radio militaire, vers 1903, autochrome de Lumière.

82d Montage d'une antenne de télévision en 1935 sur la Tour Eiffel.

83h La Tour en 1937, gravure de Boussingault dans *Paris 1937*, édité par la Ville de Paris.

83b *Composition en forme de tour Eiffel*, poème de Guillaume Apollinaire.

84-85 *Fête de nuit à l'Exposition universelle de 1889*, peinture de Roux. Musée Carnavalet, Paris.

86h *Entrée de l'Exposition de 1889*, peinture de J. Béraud. Musée Carnavalet, Paris.

86b *La Tour illuminée pour l'Exposition de 1937*, gouache d'A. Granet. Fonds Eiffel, Musée d'Orsay, Paris.

87 *Tour Eiffel*, peinture de R. Delaunay, 1926. Musée national d'Art moderne, Paris.

88hg La Tour illuminée de nuit, le 24 octobre 1937, pour l'Exposition universelle, autochrome de Gimpel.

88hd L'illumination Citroën sur la Tour en 1925, pour l'Exposition des Arts décoratifs, carte postale couleur.

88bd Partition de la chanson «Au revoir Paris», 1929, paroles de Louis Lemarchand et Jean Boyer, musique de Henri Verdun et Jean Boyer, Les Editions du Music-Hall

89h Feu d'artifice tiré de la tour, vu du Palais de Chaillot, pour l'Exposition universelle de 1937, autochrome de Gimpel.

89b Le V de la victoire et la banderole «Deutschland siegt auf allen Fronten» (L'Allemagne gagne sur tous les fronts) sur la Tour, en juillet 1941.

90-91 Avion américain sous la Tour, à l'Exposition américaine d'aviation en juillet-août 1945.

91 Deux avions américains sous la Tour avec foule, *idem,*

92g Alberto Santos-Dumont en dirigeable le 28 juillet 1901, supplément illustré du *Petit Parisien*

92d La chute de Reichelt : « Un malheureux inventeur pour expérimenter son parachute se lance de la tour Eiffel et s'écrase sur le sol», gravure couleur, couverture du *Petit Parisien,* 12 février 1912.

93 Avions américains au dessus de Paris en août 1945.

94 Peintre sur les escaliers en colimaçon de la Tour, vers 1900.

95 Vue prise par le vide central, au premier étage de la Tour (avec personnages en bas)

96 La tour Eiffel embrasée, image d'Epinal, éditée à

l'occasion de l'Exposition de 1900. Musée de l'Affiche, Paris.

TÉMOIGNAGES ET DOCUMENTS

97 La tour Eiffel «gondolée», photo de Robert Doisneau.
98 La Tour vue des fontaines du Trocadéro.
99 Victorien Sardou, par Nadar.
101 «Gloire au centenaire», gravure.
104-107 Plans d'Eiffel.
109 Une galerie latérale du premier étage de la Tour, côté du restaurant russe.
110-111 Visite des journalistes de la presse parisienne à la Tour le 4 juillet 1988. Fonds Eiffel, musée d'Orsay, Paris.
113 «Un voyage à la tour Eiffel. Autour de la première plate-forme»
115 Le premier étage de la Tour, avec vue sur le vide, échoppes.
116 La Tour de trois cents mètres construite en 300 vers, vers 1889. Musée Carnavalet, Paris.
117 Galerie extérieure du deuxième étage.
118 Pied de la Tour vu d'un balcon sur le Champ-de-Mars, vers 1900.
120-121 Panorama de l'Exposition universelle de 1889. Musée Carnavalet, Paris.
122-123 Le Champ-de-Mars vu de la nacelle du ballon captif, couverture de *l'Exposition universelle de 1889*, du 8 février 1890.
125 *L'Amant de la tour Eiffel,* couverture d'une partition de scène lyrique bouffe.
126-127 L'accident mortel du parachutiste Reichelt le 4 février 1912.
129 Le journaliste Pierre Labric, futur maire de la Commune libre de Montmartre, descendant à bicyclette les escaliers de la Tour, le 2 juin 1923.
130-131 «Promenade sur Paris en aéroplane. Vue sur la Grande Roue et la Tour Elffel prise par le travers avant d'un biplan», carte postale.
133 Les escaliers en colimaçon de la Tour avant leur démontage
134 La Tour, détail.

INDEX

A

Allais, Alphonse 114-115.
Alphand 55, 62, 98.
Apollinaire, Guillaume 83, 88, 117

Aragon, Louis 88, 119
Art Nouveau 29.
Ascenseurs 49-51, 67, 69, 94-95.

B

Backmann 36.
Baltard, Victor 15.
Barrault, Alexis 18.
Barthes, Roland 128-130.
Berlin 70.
Béraud, Jean 87.
Bibesco, le prince Georges 53.
Bibliothèque Sainte-Geneviève, Paris 15
Bizerte 80.
Blackpool 70.
Blériot, Louis 80.
Bloy, Léon 62.
Bonnard, Pierre 88.
Bonnery, Raoul 102-103.
Bourdais, Jules 22, 33-35, 54.
Bourde, Paul 62.
Bréguet 80.
Bureau central météorologique 78.
Buzzati, Dino 131-135.

C

Caillavet, Simone de 73.
Callet, Felix 15.
Cassien-Bernard 34.
Cendrars, Blaise 88, 118.
Chagall, Marc 88.
Citroën, André 88-89.
Clair, René 88.
Clarke 21.
Cocteau, Jean 88, 124-125.
Coignet, 41.
Collet Léon 92.
Compagnie du Canal de Panama 77.
Compagnon 44.
Construction moderne, La 54.
Contamin 67.
Coppée, François 55, 62, 98, 102-103.
Crystal Palace 18.

D

Delaunay, Robert 87-88.
Dijon 16.
Dubech 64.
Ducretet, Eugène 80.
Dufy, Raoul 88.
Dumas, Alexandre 55, 98.
Dutert, Ferdinand Charles Louis 35, 67.

E

École centrale des arts et manufactures 16.
Edison, Thomas 68-69.
Edoux 36, 51.
Emer, Michel 88.
Escaliers 48-49, 69, 95.
Espezel, d' 64.
Etiemble, René 117.
Exposition coloniale de 1931 74.
Exposition de 1851 18; de 1855 18; de 1867 19; de 1876 21; d'Exposition de 1878 19, 23; de 1900 74-76; de 1937 74; des Arts décoratifs de 1925 88.

F

Fargue, Léon-Paul, 88, 120-121.
Farman, Henri 80.
Ferrié capitaine 80.
Ferry, Jules 19.
Figaro, Le 71.
Firth of Forth Ecosse 46.
Fives-Lille 51.
Force de Coriolis 78.
Formigé 35.
Freycinet 34.

G

Galerie des Machines 19, 35, 67.
Gambetta, Léon 19.
Gare de Budapest 17.
Gare du Nord 64.
Garnier, Charles 98.
Gauguin, Paul 112.
Gaulois, Le 73.
Gayet, Marcel 92.
Georges 1er de Grèce 68.
Génie civil, Le 32.
Goncourt, Edmond

et Jules 109-110.
Goudeau, Emile 45, 71.
Gounod, Charles 55, 62, 98.
Granet, André 87, 89.
Grévy, Jules 19, 29, 34.
Gromaire, Marcel 88.

H

Halles de la Villette 64.
Halles de Paris 15, 64.
Hanoteau, Gabriel 88.
Hennebique, François 34.
Hénocque 79.
Hitler, Adolf 90.
Huidobro, Vincente 88, 116-117.
Huysmans, Joris Karl 55, 62,64, 67.

J-K

Jaluzot, Jules 68.
Jourdain, Frantz 57.
Koechlin, Maurice 23, 26-27, 29, 43.

L

Labrouste, Henri 15.
Laffiteau, J.-B. 34.
Lambert, comte. 91
Le Corbusier, Charles-Edouard Jeanneret dit,122-123.
Leconte de Lisle 55, 98.
Lepape 36, 48, 51.
Levallois-Perret 17, 23, 38-39.
Li Hong Chang 95.
Liverpool 70.
Lockroy, Edouard 34-36, 62.
Londres 18.
Lyon-Fourvière 70.

M

Mac Orlan, Pierre 123-124.
Mariés de la tour Eiffel, les 88.
Marquet, Albert 88.
Mascart 78.
Maupassant, Guy de 55, 62, 98, 108-109.
Milon 44.
Monod, E. 13.

N

Nachon 34.
Neve 34.
New Brighton 70.
New York 20.
Nordling 24.
Nouguier, Emile 23, 26-27, 29, 43.

O

Obélisque de Washington (Washington Monument) 22-23.
Observatoire de Nice, 17.
Otis, 36, 49-51.

P

Palais de l'Industrie, 19.
Palais des Arts libéraux, 35.
Palais du Trocadéro, 19, 22-23, 36, 83, 90.
Panama procès, 77.
Paris tour Eiffel, 88.
Pascal, Jean-Louis 76.
Pendule de Foucault 78.
Philadelphie 21.
Pont de chemin de fer de Bordeaux 16, 40.
Pont des Arts 14, 15.
Poubelle, Eugène 36.

Prince Baudoin, 68.
Prince de Galles, 68.
Printemps, magasins du 68.

R

Radio Tour-Eiffel, 81.
Radiotélégraphie TSF, 80-81.
Ray, Man 88.
Reeves, 21.
Reichelt, 92, 126-127.
Rivoalen Emile, 54.
Rousseau, Henri (dit le Douanier) 88, 112-114.
Roux, 87.
Roux-Combaluzier, 36, 48, 51.

S

Salles, 43.
Salon d'automne 29.
Santos-Dumont, Alberto 91-92.
Sardou, Victorien 98.
Sauvestre, Stephen 26, 29, 35, 43, 74.
Seyrig, Théophile 27.
Sébillot 22.
Shah de Perse 68.
Signac, Paul 88.
Société centrale des architectes 54.
Société de la Tour Eiffel 74, 94.
Société des Ingénieurs civils 32-33.

Statue de la Liberté 17, 20, 24.
Sully Prudhomme dit, 55,62, 98, 108.

T-U

Talansier, Charles 17
Temps , Le 55, 62, 99, 102.
Tokyo 70.
Tour Eiffel qui tue, La 88.
Tour de Babel 21, 55.
Tour de Pise 23.
Toussaint, H. 75.
Trevithick, Richard 20.
Utrillo, Maurice 88.

V

Verlaine, Paul 62.
Verne, Jules 31.
Viaduc de Crumlin 24.
Viaduc de Garabit 17, 24, 26-27, 29, 54-55.
Viaduc de la Sarine, Fribourg 24.
Viaduc de la Sioule 24.
Viaduc de la Tardes 79.
Viaduc de Porto 17, 24.
Vogüe, Eugène-Melchior de 20,70, 110-112.
Voisin, les frères 80.
Vuillard, Edouard Jean 88.

CRÉDITS PHOTOGRAHIQUES

ADAGP, Paris 87. Coll. Angel-Sirot, Paris 4hg, 5h, 6hg, 70-71b, 76-77h, 94, 98, 118, 126hg, 126hd, 126bg, 127h, 127mg, 127md, 127b. Artephot/A.D.P.C., Paris 79. Charmet, Jean-Loup, Paris 14h, 14b, 15, 16-17, 16, 18h, 18m, 18b, 19, 22, 58, 68g, 92g, 116. Chevojon, Paris 2-3, 6-7, 7hd, 30, 36-37, 41b, 62-63. Cinémathèque française, Paris 126bd. D.I.T.E., PPP, Paris 23. Coll. Debuisson, Paris (clichés Pierre Pitrou) 48, 51b, 115, 117, 125, 129, 130-131. D.R. 16, 20, 21, 28, 29, 31, 34, 35h, 35m, 37b, 38h, 40h, 41h, 42-43, 44, 47, 48-49, 50-51h, 52, 53, 64-65, 66-67, 69g, 83b, 104-107, 122-123. Edimédia, Paris 56bg, 70. Giraudon, Paris 46, 59, 84-85, 86h, 87, 120-121. Coll. Gouessant-Laborie, Paris 83h. Lemoine, Bertrand 133. Magnum/M. Riboud, Paris 11. Musée de l'Affiche, Paris 96. Musée de Radio-France, Paris 82g, 82d. Rapho/R. Doisneau, Paris 73, 97, Rapho/J.-D. Lajoux, Paris 134. Réunion des Musées Nationaux, Paris couv. 4e plat, 1a, 1d 12, 13, 26, 35b, 63h, 74-75b, 86b, 54-55h, 110-111. Roger-Viollet, Paris 8hg, 8-9, 9hd, 17, 42, 50, 54-55b, 69d, 78d, 89h, 89b, 90-91, 91, 93, 95, 99. Société Française de Photographie, Paris 40b, 88hg. Société Nouvelle d'Exploitation de la Tour Eiffel (SNETE), D.R. 1a, 1c,1d, 4-5, 24, 25, 27, 32, 33, 38-39h, 39, 43hd, 45, 77b, 78g, 80, 101. SPADEM, Paris 86h, 86b. Tabapor/Kharbine, Paris couv. 1er plat et dos, 56hg, 56hd, 56bd, 57, 60-61, 69hd, 68md, 72g, 74, 75h, 81, 88hd, 88bd, 92d, 109, 113. Top/Czap, Paris 71h.

REMERCIEMENTS

Nous remercions les personnes suivantes pour l'aide qu'elles ont apportée à la réalisation de cet ouvrage : Roxane Debuisson; Marie-Claude de Maneville du service de Documentation de la SNETE (Société Nouvelle d'Exploitation de la Tour Eiffel). Nous remercions également la Cinémathèque française.

COLLABORATEURS EXTÉRIEURS

Christian Biet a conçu les Témoignages et Documents (une anthologie plus complète, à laquelle il s'est référé, a paru sous le titre *La Tour Eiffel, Mythologie des lieux*, présentation d'Armand Lanoux et choix de textes de Viviane Hamy, Éditions de la Différence, Henri Veyrier, 1980). Christophe Saconney en a réalisé la maquette. Pierre Pitrou a effectué les prises de vues des documents de la collection Debuisson.

Table des matières

I L'INVENTION DE LA TOUR DE TROIS CENTS MÈTRES

14 L'architecture du fer
16 Gustave Eiffel, constructeur
18 Les expositions universelles
20 Une tour de mille pieds
22 Les limites de la pierre
24 Un pylône de pont
26 L'expérience de Garabit
28 Une œuvre collective

II L'UTOPIE RÉALISÉE

32 Eiffel ou Bourdais
34 Le concours de 1886
36 Dans l'axe du Champ-de-Mars
38 De Levallois à Paris
40 Les fondations
42 Le premier étage
44 Rivet après rivet
46 En plein ciel
48 Les ascenseurs
50 Jusqu'au troisième étage

III LA GRANDE DEMOISELLE À L'EXPO

54 La protestation des artistes
56 *L'exposition universelle de 1889*
62 La réponse d'Eiffel
64 L'art et la science
66 La galerie des Machines
68 A l'assaut du sommet
70 A trois cents mètres

IV LES MÉMOIRES D'UNE CENTENAIRE

74 La Tour en 1900
76 Faut-il démolir la Tour ?
78 Un laboratoire en altitude
80 Le vent et les ondes
82 Le mythe de la Tour
84 *La Tour et les peintres*

88 La Ville lumière
90 La Tour libérée
92 Les exploits de l'aviation
94 Une jeunesse éternelle

TÉMOIGNAGES ET DOCUMENTS

98 Les controverses : Faut-il la construire ? Faut-il la détruire ? Que faut-il en faire ?
116 Les poètes changent de camp : la tour Eiffel sacralisée
122 Les leçons de la Tour
136 Annexes

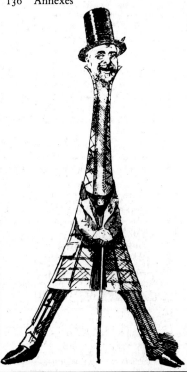